Víctimas del dolor, maltrato a la mujer

Dr. Gibrán Garduño Miez

Víctimas del dolor, maltrato a la mujer

Editorial Época, S.A. de C.V.
Emperadores No. 185
Col. Portales
C.P. 03300, México, D.F.

Víctimas del dolor, maltrato a la mujer
Dr. Gibrán Garduño Miez

Diseño de portada: Adriana Velázquez Cruz
Diseño interior: Magdalena Servín G.

© Editorial Época, S.A. de C.V.
Emperadores No. 185, Col. Portales
C.P. 03300-México, D.F.
www.editorialepoca.com
email: edesa2004@prodigy.net.mx
Tels: 56-04-90-46
56-04-90-72

ISBN: 970-627-960-1
978-970-627-960-6

Impreso en México — *Printed in Mexico*

Introducción

La violencia intrafamiliar y en especial el maltrato a las mujeres es un problema que ha perdurado en todas las sociedades por mucho tiempo. Se calcula que una de cada tres mujeres ha sufrido un tipo de violencia, sea abuso sexual, golpes, discriminación, etcétera. Hay quienes piensan que esta situación es casi exclusiva de los sectores más pobres; sin embargo, la violencia existe hasta en las clases sociales más altas, no importa la edad, el color de piel, la religión ni el género, porque las agresiones y el maltrato lo sufren hombres y mujeres, aunque desafortunadamente son estas últimas las que más padecen estos males y los niños son las víctimas colaterales que repetirán los mismos patrones cuando sean adultos si no se les atiende y se les da la orientación adecuada.

Podría pensarse que la violencia es ejercida únicamente por los hombres, pero hay casos en que las madres discriminan y maltratan a sus hijas por el simple hecho de ser mujeres. Asimismo, puede ocurrir que las jefas y profesoras maltraten o menosprecien a otras mujeres, ya sea por celos, por envidia o simplemente por costumbre. Muchas de estas víctimas jamás hablan de que sufren este tipo de problemas, el miedo las invade y las incapacita para poder defenderse, por lo que resulta difícil darnos cuenta de quiénes necesitan ayuda; podría ser nuestra hermana, nuestra vecina, la señora que se sentó al lado en el transporte público o, peor aún, nuestra propia hija.

Durante muchos años se creía que únicamente en el matrimonio se daban las situaciones de violencia, pero ahora se habla de que en el noviazgo empiezan estos signos y que muchas parejas terminan su relación por haber sufrido de celos excesivos, amenazas, vejaciones, infidelidad, presión e incluso abuso sexual. Como veremos en el capítulo dedicado a este tema, a veces el acoso y los otros tipos de violencia continúan después de terminado el noviazgo y nuevamente la víctima se calla por temor o por no saber qué hacer.

Los terapeutas expertos en relaciones conflictivas aseguran que hombres y mujeres pueden hacerse adictos a este tipo de situaciones. Infinidad de mujeres en este mundo no se atreven a dejar a sus maridos cuando éstos las maltratan, y lo mismo pasa con las adolescentes que creen estar enamoradas de sus novios agresivos. En otros casos, esposas y novias de todas las edades perdonan las infidelidades de su pareja porque éste les dice que va a cambiar o que no lo volverá a hacer. El primer paso para combatir la violencia, desde luego, es aceptar que se tiene un problema y, aunque no es fácil, en este libro le ayudaremos a prevenir las relaciones tormentosas y librarse de ellas.

Otro problema grave al que nos enfrentamos es el feminicidio, palabra que aún no aparece en el diccionario pero que ha causado tanto dolor a varias familias. Nos referimos, por supuesto, al asesinato de mujeres por razones de género. Basta mencionar la situación ardua de Ciudad Juárez, Chihuahua, donde muchas jóvenes han desaparecido y otras fueron encontradas muertas. Actualmente sabemos que no sólo en este lugar sucede esto, en todo el planeta desaparecen a diario niñas y adolescentes que son traficadas como si fueran mercancía para ejercer la prostitución o simplemente las matan después de haberlas violado o extraído algún órgano.

Todos estos males que aquejan a las mujeres no deben continuar. El primer paso es hacerle saber a las víctimas que no están solas, que existen leyes y organismos internacionales que las protegen y terapias que les pueden ayudar a superar todo tipo de traumas por las malas experiencias del maltrato.

Si tú has sufrido o sufres algún tipo de violencia, este libro te servirá de guía para zafarte de esto, pero es importante que reconozcas y aceptes que tienes un problema. Si, por el contrario, tienes la suerte de llevar una vida tranquila y pacífica, pero conoces a alguien que sufra de maltratos, puedes recomendarle la lectura de este libro; tal vez le salves la vida.

Dr. Gibrán Garduño M.

Capítulo 1

Antecedentes de la sociedad machista y los roles de género

En más del 80% de los hogares de México las madres de familia son las encargadas de hacer la comida, lavar y planchar la ropa, cuidar a sus hijos, entre otras actividades similares, aun cuando tienen trabajo. Los padres, por otro lado, se ausentan casi todo el día, trabajan, ven el futbol, conviven con su familia los días de descanso y dan el gasto; pero, ¿alguna vez te has puesto a pensar por qué hay amas de casa y no amos de casa o por qué se dice que los hombres deben —o debían— mantener a sus mujeres e hijos?

Desde los primeros tiempos, los seres humanos han organizado sus sociedades de tal manera que los hombres salgan del hogar para buscar el sustento. Ya en las tribus prehistóricas los varones se encargaban de la casería, la guerra, y posteriormente del gobierno de las primeras civilizaciones, mientras que las mujeres tenían asignadas tareas más "sencillas", como la recolección de semillas, la confección de ropa y el cuidado de los hijos.

La mujer ha sido tomada como una figura inferior con respecto al hombre. Recordemos la sociedad griega en la que solamente los varones tenían derecho a votar y la mujer era considerada un ser inferior que servía para la procreación. Los romanos, por su parte, nunca tuvieron una emperatriz, ni siquiera una senadora, todos los cargos políticos los tenían los hombres; las féminas podían tratarse como mercancía: un *pater familias* era dueño de su esposa, sus hijas y sus esclavas. No obstante todas esas circunstancias, hubo mujeres de esas culturas y de esos tiempos que sobresalieron, o por lo menos fueron reconocidas tiempo después, por ejemplo, Olimpia (madre de Alejandro Magno), Cleopatra (reina faraón de Egipto), Gorgo y Safo.

Si revisamos la Biblia, podemos ver que la mujer es considerada la culpable de que el hombre haya sido expulsado del paraíso. A lo largo de la tradición judeocristiana, muchos actos deshonestos y desgracias son ocasionados por mujeres: Eva, Lilith, Dalila, Salomé, Herodías, entre otras. Hablando de esta cultura, en la Iglesia católica no hay sacerdotisas, todos los cargos del clero son ejercidos por hombres y la simple idea de que haya una mujer oficiando misa o, peor aún, siendo Papa, les parece algo terrorífico, totalmente un tabú.

En la cultura islámica tampoco se permite que las mujeres participen en la política o en la religión. Ninguna mujer puede entrar a la Meca, ni ser califa. Según sus creencias, a partir de la primera menstruación deben cubrirse con un velo o con una *burka* para que solamente su padre y su marido conozcan su rostro. Existen prácticas de ablación del clítoris para que no sientan placer durante el sexo y ninguna mujer tiene derecho a escoger a su marido, espera a que su padre la case con el que cree que es el mejor prospecto. Existen organismos internacionales que han intentado frenar la violencia que sufren las musulmanas, pero es muy difícil erradicar sus costumbres, ya que sus leyes civiles se rigen por el Corán.

En la Edad Media, comenzaron las creencias de que muchas mujeres tenían pacto con Satanás para obtener poderes mágicos, así comenzó la persecución del Santo Oficio y la publicación del *Maleus Maleficarum*, que es un tratado para identificar y torturar brujas. Se calcula que en este periodo más de 45,000 mujeres fueron acusadas de practicar la brujería y condenadas a muerte. Además de eso, en esta época, y todavía durante el Renacimiento, las mujeres no tenían derecho a la educación, solamente las nobles que se interesaban por esto.

En el Nuevo Mundo, las órdenes religiosas se encargaron de la fundación de colegios como el de Santiago Tlatelolco, donde se impartía educación para los descendientes varones de la nobleza azteca. Después de un tiempo, fundaron escuelas para mujeres, pero solamente les enseñaban a coser, tejer y en general todo lo que se necesitaba para ser una buena esposa. De hecho, en México se le dio derecho a la mujer de participar en las elecciones políticas hasta 1953, tres décadas después de establecida la Constitución que actualmente nos rige.

Y qué decir de los roles de género. Hace algunos años, era extraño ver a hombres comprando en el mercado o surtiendo la lista de la despensa en los centros comerciales, dejando a los niños en las escuelas o simplemente lavando ropa o cocinando. Muchos varones siguen diciendo que les da vergüenza pararse en un mercado para hacer las compras, eso es cosa de mujeres. Los medios masivos de comunicación tienen mucho que ver en esto, basta observar la televisión un rato para darnos cuenta de que cuando anuncian detergentes, productos de limpieza, lavadoras, estufas o ingredientes utilizados en la cocina, aparecen siempre mujeres, como si el anuncio estuviera dirigido exclusivamente hacia ellas. Los periódicos, por su parte, necesitan poner fotografías de damas semidesnudas para atraer la atención de los caballeros, como si se tratara de un catálogo de sexoservidoras. Y hablando de esto, a diario se suben a la internet videos de violaciones, ejecuciones, golpizas propinadas hacia mujeres, y desafortunadamente estos sitios tienen millones de visitantes, los cuales se divierten con el dolor ajeno, mientras que los que se indignan no alzan una demanda para tratar de frenar esta situación. Desafortunadamente, aún no se han promulgado leyes que regulen el contenido que se sube a internet, por lo que este medio es utilizado por muchas redes delictivas dedicadas a la trata de mujeres.

Los roles de género también son marcados por la industria de los juguetes. Claramente se ve que entre los juguetes para mujeres se encuentran estufas a escala, muñecos de bebés, vajillas de plástico, planchas de juguete, etcétera; parece que desde pequeñas les están marcando las supuestas obligaciones que tendrán como madres y amas de casa. Los niños, por su parte, juegan con carritos, herramientas de plástico, muñecos de acción y todo tipo de videojuegos con contenido violento que va creando una conducta inadecuada para los adultos del mañana. No estamos diciendo que esto esté mal, simplemente hay que tener mucho cuidado con la conciencia que se crean los niños sobre los papeles que han de cumplir cuando sean mayores; debemos advertir que aunque haya juegos y juguetes específicos para cada género, en la realidad, gracias a la globalización y a las demandas de nuestros tiempos, hombres y mujeres tienen actualmente los mismos derechos y las mismas obligaciones; es más, hay cientos de padres y madres solteros que tiene la obligación de cumplir ambos roles.

También se habla de que hay oficios exclusivos para hombres y otros reservados para las mujeres. Por ejemplo, nunca veremos camioneros de sexo femenino, de hecho en las carreteras hay baños con regaderas para que se bañen los conductores de viajes foráneos, pero estas regaderas no tienen divisiones, o sea que una mujer no podría disponer de este servicio. Fuera de la política es extraño e inusual escuchar el término secretario, pues este trabajo lo ejercen las mujeres y, dicho sea de paso, es en el trabajo donde más se sufre la violencia.

Hemos recibido una herencia patriarcal que data de tiempos muy remotos. Recordemos que antes de la globalización ya había una mezcolanza tremenda de culturas. Los países de habla hispana, por ejemplo, recibieron la influencia de todos los pueblos que se instalaron en la Península Ibérica: romanos, celtíberos, musulmanes, judíos, cristianos, y como vimos en líneas anteriores, para muchos de estos pobladores la mujer tiene un rango menor. Este hecho provoca que el hombre reaccione bruscamente cuando la mujer trata de ponerse a la par; lo vemos a diario en la competencia laboral, en los colegios y en la misma familia; por ejemplo, cuando una mujer le "manda" al marido, las personas le dicen a éste "mandilón", lo cual es una ofensa a su virilidad.

En conclusión, desde hace muchos siglos las mujeres jugaron un papel secundario en la vida política, religiosa y social. La mayoría de las civilizaciones que conocemos son patriarcales; en ésta la mujer debe ser sumisa, responsable del cuidado del hogar y de los hijos y, si nos atrevemos a ser más radicales, también deben de ser las servidoras sexuales de sus maridos. Todas estas situaciones son las causas de la violencia ejercida hacia el sexo femenino: en primer lugar la desigualdad, la intolerancia y el autoritarismo de los hombres; en segundo lugar, las mujeres que se callan o, peor aún, las que contribuyen a esto.

Nuestra intención no es cambiar tus creencias religiosas ni ponerte en contra de tu familia y sus costumbres. Sólo queremos dejar claro que lo más valioso en esta vida eres tú misma, nunca permitas que alguien te humille, te sobaje, te amenace o te golpee. Nadie tiene el derecho de imponerte un dogma, una moda, ni mucho menos una manera de pensar o decidir. La mejor forma de combatir el machismo y la violencia ejercida contra las mujeres es alzar la voz e inculcar valores positivos a los niños para que crezcan conscientes de que hombres y mujeres tenemos los mismos derechos.

En el siguiente capítulo, entraremos de lleno al tema de la violencia. Conoceremos los principales tipos y los problemas que tienen algunas víctimas para reconocer que están en medio de una relación que las lastima.

Capítulo 2

Tipos de violencia

La violencia es, hasta cierto punto, una conducta normal en los seres humanos. Para ser una raza que ha sobrevivido a tantos desastres naturales y a tantas guerras, se necesitó un cierto grado de agresividad, coraje y violencia. A pesar de esto, en el momento en el que el hombre se civiliza creando leyes que regulan su comportamiento, se está aceptando un pacto tácito de no agresión, el cual nos permite vivir pacíficamente. Este pacto, por desgracia, se rompe a diario cuando una persona falta a los derechos de otra y es en la familia, núcleo de la sociedad, donde más sucede esto. Las razones son muchas; el padre, por ejemplo, necesita ejercer cierta presión sobre sus hijos y su esposa para que quede claro quién manda, y es así como comienza la violencia intrafamiliar.

Seguramente, cuando hablamos de violencia intrafamiliar o violencia contra la mujer, lo primero que se nos viene a la mente son golpes, fuertes gritos, quizás nos imaginemos a un hombre pegándole a su esposa; pero, ¿sabía usted que existen otros tipos de violencia?

Actualmente escuchamos y vemos muchos anuncios que hablan de que los celos, la discriminación y la presión por parte de la pareja son actos violentos. Ciertamente, hay mujeres que en este momento pueden estar sufriendo de maltrato sin darse cuenta, ya que muchas de las malas conductas, por ser muy comunes, ya las vemos como algo normal. El simple hecho de que el marido le diga a su mujer cómo vestirse o que se moleste y le grite si usa ropa "provocativa", si sale a la calle sola o si un amigo le llama por teléfono, representan actos de violencia, tal vez muy sutil, pero que pueden desembocar en golpes.

Mujeres de todo el mundo relatan que sus maridos les dejan de hablar, —como se dice coloquialmente, les aplican la "ley del hielo"— por alguna conducta que les disgusta. Hay veces en que lo hacen porque no les gustó lo que la señora hizo de comer, porque no le contestó el teléfono, porque no quiso tener relaciones sexuales, porque llegó tarde del trabajo o de la casa de su mamá, y lo cierto es que ese comportamiento hostil por parte del hombre es maltrato. Una cosa es que ambos tengan una riña y se dejen de hablar por un momento y otra muy distinta que esta conducta se vuelva más y más frecuente hasta que la persona termina por sentirse ignorada.

Otra situación a la que se enfrentan varias mujeres es a la de la culpabilidad. Cuando un hijo saca malas calificaciones en la escuela, algunos padres piensan que la madre tuvo la culpa por no ponerle la atención necesaria; quizás esa madre también trabaje, como pasa ahora, que tanto la mamá como el papá salen de casa a buscar el sustento, pero aún así, se dan estos casos. Cabe mencionar que en ocasiones la madre no tiene la culpa de que el niño obtenga malas notas en matemáticas; cada persona es diferente y está comprobado que las inteligencias emocionales se desarrollan de forma distinta en cada uno de nosotros; si todos tuviéramos las mismas capacidades, entonces la educación superior no estaría dividida en áreas y absolutamente todos los alumnos cursaríamos el *Trivium* y el *Cuadrivium* uniformemente.

Los hijos también pueden convertirse en maltratadores. Si todo el tiempo observan que su padre agrede a su mamá, pueden aprender esta conducta y repetirla. Hay madres que inmediatamente les ponen un alto, pero otras soportan que sus hijos las traten mal, como esclavas o como si no les tuvieran respeto.

Debemos tomar en cuenta que cuando hablamos de violencia intrafamiliar casi siempre pensamos en esposas maltratadas, pero fuera de la casa, mujeres de todas las edades sufren a diario de los distintos tipos de agresiones, es por eso que también hablaremos de situaciones que se dan fuera del matrimonio.

A continuación exploraremos los tipos de violencia más comunes, la discriminación, los celos excesivos, los problemas de agresión y las relaciones conflictivas en los noviazgos.

Maltrato físico

Una persona maltratada es aquella que sufre de algún daño, intencionado o no, ocasionado por un acto u omisión. Generalmente se habla de maltrato intrafamiliar, es decir, dentro de la casa entre personas que tienen este nexo, pero sabemos que en cualquier lugar se puede sufrir de lesiones, discriminación, amenazas y todo tipo de insultos.

Evidentemente, es más fácil darse cuenta de que tenemos una mujer golpeada enfrente porque los golpes dejan marcas. ¿Cuántas veces hemos visto en el trabajo, la escuela o el transporte a mujeres con moretones y rasguños? La característica fundamental del maltrato físico es el uso de la violencia, propositiva, repetitiva y cuyo fin es causar dolor, normalmente producida como consecuencia de una conducta negativa, real o imaginaria, que ha cometido la esposa del victimario, y que tiene como finalidad última la modificación de la conducta que éste considera nociva y perjudicial, ya sea para él mismo, los hijos o la sociedad. Desafortunadamente, muchos casos de maltrato físico se deben a que la pareja de la víctima es adicta a las drogas o al alcohol.

Las lesiones físicas van desde los golpes, las patadas y los rasguños hasta las quemaduras, los empujones, los jalones de cabello y todos aquellos actos en que se utilice la fuerza de forma agresiva para provocarle dolor a la víctima.

En ciertas ocasiones he escuchado a personas que aseguran que jamás han visto a una mujer golpeada, ni siquiera a una que tenga un pequeño moretón, por lo que piensan que el problema de la violencia está exagerado por los medios y por las instituciones que se dedican a combatir el maltrato intrafamiliar. La verdad es que hay hombres tan hábiles —como lo veremos en el siguiente testimonio— que buscan la manera de causar heridas en partes del cuerpo que no son visibles por los demás.

Los hombres doble cara. Hace algunos años me mudé con mi familia a un departamento que está a unas cuantas calles de donde vivo actualmente. Había cinco familias viviendo en el edificio contando la del vigilante que se quedaba en la planta baja. En el primer departamento vivía una pareja con su hija pequeña, la cual iba a la misma guardería que mi hijo, por lo que pronto comenzamos a conocernos. En el segundo piso estábamos nosotros; en el tercer piso vivía Samuel, un tipo que siempre usaba anteojos, era el hombre más cordial del mundo, saludaba a todos los vecinos, enviaba a sus hijos a campamentos de verano y los niños regresaban a casa muy contentos por la experiencia. Su esposa practicaba aerobics y, al igual que su marido, era amable y de lo más simpática. En el último departamento vivía una señora enojona que practicaba la magia negra, su casa siempre estaba llena de veladoras y frascos extraños, pero aun así todos los vecinos nos llevábamos bien.

Todas las noches escuchaba ruidos extraños en el techo, yo me imaginaba que eran los niños de Samuel que jugaban porque a veces parecía que tiraban las canicas al piso. Al pasar los meses, se me hacía extraño que los niños se ausentaran tanto, incluso en el periodo escolar. Por casualidad, asistían a un colegio cuyo dueño es primo cercano de mi padre y al cuestionarlo acerca de excursiones largas o becas para viajar, me dijo que no había nada de eso en los planes de su escuela.

En varias ocasiones me encontré a Samuel en las escaleras y le pregunté sobre sus hijos. Él me decía con una enorme sonrisa que estaban en un viaje por parte de la escuela, pero yo ya sabía que tales viajes no se realizaban. Dos semanas después de la última vez que le pregunté a Samuel y a su esposa Rocío por sus niños, los vi por la ventana de la cocina, la cual daba al descanso de las escaleras. Me fijé en el uniforme, no había ninguna duda de que era el de la escuela de mi tío.

Esa misma semana, dejé a mi hijo en el kínder y regresé a casa porque me sentía mal. Me volví a acostar y de repente escuché unos fuertes ruidos arriba. Bajé al mínimo el volumen de la televisión y escuché algunos lamentos; hubiera pensado que eran los niños, pero al salir vi que se dirigían al colegio, o sea que solamente estaban sus papás. En la tarde vi por la ventana a la señora Rocío, traía puesto un vestido negro muy largo y no estaba maquillada, además cojeaba del lado derecho. Durante la cena les comenté a mis padres sobre lo que escuché, empezaba a sospechar que el vecino golpeaba a su mujer, pero nadie creyó mi teoría porque Samuel era un tipo de lo más agradable, siempre le hacía favores a todos los del edificio, sus hijos iban a una escuela cara y su mujer tenía la supuesta libertad de practicar los deportes que le gustaban y vestirse como quería.

Al mes siguiente, escuché nuevamente esos ruidos, parecía que estaba corriendo un ejército arriba. Mi mamá también se percató de que algo sucedía. Como era muy temprano, escuchábamos todo con claridad. Pronto la vecina gritó pidiendo auxilio. Los vecinos de abajo y yo salimos para ver qué pasaba. Samuel bajó corriendo las escaleras sin dirigirnos la palabra y salió del edificio. Entramos al departamento, vimos así que la vecina estaba tirada en el piso, tenía una vitrina encima que apenas la dejaba respirar. Los cristales le causaron heridas en las piernas y los codos. Tenía la cara hinchada y morada por los golpes que le dio su esposo, sí, aquél que todos creíamos un santo.

Minutos antes de que llegara la policía y la ambulancia, Rocío nos contó que su marido la maltrataba desde sus primeros días como pareja. La primera vez fue porque se negó a tener relaciones sexuales porque tenía cuatro meses de embarazo y temía que le pasara algo a su bebé. Años más tarde él le dio una bofetada porque se quedó a dormir en casa de su mamá, ya que un aguacero le impidió regresar a casa. Según su testimonio, desde que se mudaron a ese edificio, Samuel le pegaba, pero eso sí, era muy inteligente: solamente le causaba lesiones en partes donde la ropa le cubría: estómago, muslos, hombros, senos y nuca.

Ese día perdió el control por varias razones: un domingo antes su equipo de futbol perdió la copa y a ella se le ocurrió burlarse; uno de los niños bajó de calificaciones y la culpó, pero era él quien los mandaba a casa de su abuelo para que pudiera llevar una plena y asquerosa vida sexual sin que lo molestaran los niños, por eso faltaban tanto, y el detonante de ese día: se levantó temprano y el desayuno no estaba listo, ni siquiera estaba puesta la mesa.

Éste es solamente un caso entre miles. La señora Rocío tuvo suerte de que la vitrina no le pegara en la cabeza, quizás hubiera muerto. Su esposo fue detenido pero más tarde fue liberado bajo fianza. Debemos tomar en cuenta que actualmente las leyes han mejorado en esta materia y que ahora se aplican sanciones más severas a aquellos que golpean a sus esposas.

Absolutamente nada justifica que un hombre le pegue a su pareja. Aquél que lo hace una vez, puede volver a hacerlo; de nada sirve que pida perdón, que intente contentar a la víctima con flores u otros regalos, es necesario frenar el problema desde el inicio, de lo contrario iniciará una cadena que no tendrá fin hasta que el agresor mate a su esposa o ésta decida dejarlo o denunciarlo; sin embargo, pasa más lo primero que lo segundo, debido al miedo que llegan a desarrollar o al desconocimiento de sus derechos.

Te invitamos a que investigues cuáles son tus derechos y que te informes sobre las leyes que te protegen en caso de que alguien te maltrate. Algunas organizaciones como la Comisión Nacional de los Derechos Humanos (CNDH) dan asesoría gratuita sobre estos temas. Asimismo, siempre ten en cuenta que alguna persona, sea familiar o amigo, estará dispuesto a ayudarte, pero para hacerlo es necesario que no te calles, platica sobre tu situación y traten de encontrar la mejor manera para superar esta crisis.

Maltrato emocional

Un acto más sutil de violencia es el maltrato emocional o abuso psicológico. Aunque no existan golpes, debes saber que hay relaciones en las que la violencia está presente; quizás no te des cuenta o el agresor ni siquiera esté consciente de que te está maltratando, pero incluso así debes evitar este tipo de vejaciones.

El abuso emocional se da cuando una persona —en este caso hablamos de una relación amorosa o matrimonio— agravia de forma psicológica a su pareja. No hacen falta palabras altisonantes ni gritos, basta con ignorar, manipular, hacer comentarios sarcásticos, ejercer algún tipo de presión, hacer gestos o hablar de cierta manera para bajar la autoestima de la víctima. También se da cuando el abusador deja en un segundo plano a su cónyuge, ya sea por ver televisión, por trabajar de forma frenética cuando no es necesario, por consejo de su familia o porque existe infidelidad.

Los expertos en el tema aseguran que los principales tipos de maltrato emocional son los siguientes:

Intimidación: se da cuando el agresor causa un miedo a su víctima para que ésta lo respete y obedezca sus órdenes. Generalmente logra esto mediante amenazas, aunque este temor se va creando cuando hay golpes de por medio. Ésta es la manera más común en la que los hombres controlan la situación, evitando que las mujeres traten de igualarlos o de tomar el control de su propia vida.

Rechazo: en la mayoría de los casos sucede cuando la persona menosprecia a la víctima, no reconoce o no le permite reconocer sus derechos y la deja en un segundo plano para que su autoestima se vaya a los suelos y así sea más fácil ejercer el control. Igualmente, pasa que el victimario ignora a su pareja todo el tiempo, menos cuando necesita satisfacer sus necesidades sexuales. En otros casos, el rechazo se da porque el papá deseaba tener un hijo varón y resultó que tuvo una niña.

Degradación: en este caso la persona agraviada sufre de insultos, burlas, o la hacen quedar en ridículo, en especial enfrente de terceros. Nuevamente el victimario busca la manera de dominar la situación mediante una serie de vejaciones que llevan a la víctima a sentirse poca cosa y, en la mayoría de las veces, a sentirse propiedad de su verdugo. La degradación también consiste en tratar a la víctima como si fuera menor, tonta o discapacitada. Es una conducta propia del machismo, pues en su afán por mantener su posición como superior, el hombre busca hacer sentir menos a las mujeres.

Reclusión o aislamiento: consiste en limitar la libertad de la víctima. Hay maridos —tutores y padres de familia— que se sienten con el poder de prohibir la realización de algunas actividades comunes. No hay que confundir la protección que dan los padres con el dominio, conocemos casos en que el padre no permite que su hija tenga amigos varones o que se junte con ciertas amigas porque cree que son mala influencia. Lo mismo pueden sufrir las esposas, un marido celoso y posesivo impide que esa mujer, que cree de su propiedad, se relacione con personas ajenas a su familia.

Si existen mujeres que por la razón que sea niegan ser golpeadas y buscan la manera de que nadie se dé cuenta de su martirio, imagínate la cantidad de personas en el mundo que no reconocen que sufren de abuso emocional, tal vez ni siquiera se den cuenta porque, como ya dijimos, comparado con los golpes y las otras agresiones físicas, el maltrato psicológico puede ser muy sutil, no deja moretones, quemaduras o cicatrices; pero, como todas las otras formas de violencia, es una bomba de tiempo que puede desembocar en golpes, mutilaciones, peleas e incluso la muerte.

Hemos hablado principalmente de los tipos de abuso que los varones ejercen sobre las mujeres, pero hay que advertir que también se dan ocasiones en las que una mujer es la maltratadora de otra mujer. Lo más lamentable es que, en este tipo de situaciones, frecuentemente es la madre la que abusa de su hija, ya sea porque la señora está sola y no permite que su hija haga su vida; porque necesita una esclava; porque quiere controlar su vida y le sugiere que se case con cierto hombre, etcétera.

Los manipuladores. En el siguiente testimonio cambiamos los nombres de las personas por razones de confidencialidad.

Érika entró a la Facultad de Derecho en agosto del año 2005 con la firme intención de graduarse y ser una buena abogada. Casi tenía la vida resuelta, sus padres la iban a mantener hasta que terminara; más tarde trabajaría en el bufet de su padrino, donde ya le aguardaba una oficina propia.

Durante el bachillerato tuvo solamente un novio. Era una chica muy bonita y popular, pero siempre ponía primero sus responsabilidades como estudiante antes que las distracciones, fueran fiestas, noviazgos o amigos.

Su novio era un buen muchacho, jamás se quejó de él y era tan atento que sus padres le permitían pasar mucho tiempo en la casa. Para la mala suerte de ambos, él tenía que regresar a Guerrero por un problema familiar, por lo que al terminar el último año de prepa se separaron. Siguieron siendo amigos, aunque la única forma de comunicarse era el video chat.

Cuando Érika entró al tercer semestre, tuvo que hacer prácticas fuera de la universidad. La llevaron a varios juzgados, salió de la ciudad un par de veces y así conoció a muchísimos abogados. A finales del ciclo escolar conoció a un muchacho en la Facultad, estudiaba el penúltimo semestre, tenía excelentes calificaciones y, además de todo, era el galán de moda. Érika nos contó que fue amor a primera vista, se enamoró de él como nunca. Por su comportamiento tan nervioso cuando trabajaban juntos, Javier se dio cuenta de que le gustaba, así que le pidió su e-mail, su teléfono, y a la siguiente semana ya estaban saliendo.

Se hicieron novios, Érika estaba feliz porque Javier era muy detallista y cursi, parecía perfecto, como un caballero antiguo. El padre de la joven estaba convencido de que era una buena opción, ya que él también iba a ser abogado, una carrera bien socorrida en su familia. Su madre, por el contrario, no estaba muy de acuerdo, simplemente no le daba buena espina; se lo comentó varias veces a Érika, pero ella no hizo caso, creía que Javier era el hombre indicado.

Cuando Érika estaba a mitad del cuarto semestre, Javier le propuso matrimonio justo el día de su cumpleaños. Se esforzó mucho para que no se diera cuenta de que le preparaba una fiesta sorpresa y, literalmente, la cereza en el pastel fue la sortija de compromiso. Esa misma noche sus padres se enteraron de que Javier quería casarse, a lo que ellos dijeron que aprobaban la relación siempre y cuando la boda se realizara cuando Érika terminara la carrera.

En ese momento Javier les dijo que sí, casi a regañadientes.

Al otro día, Érika habló por chat con su ex novio de la prepa. Le platicó que se iba a casar y que realmente estaba enamorada de Javier. Se suponía que habían quedado como amigos; nos obstante, el chico, un poco celoso, le aconsejó que no hiciera nada tonto para apresurar las cosas, ya fuera embarazarse o hacer un drama para que sus padres cedieran. Javier se comunicó con Érika también y le dijo que no estaba de acuerdo con la condición de sus padres; él quería casarse ya, solamente le faltaba medio semestre para terminar y ya tenía un trabajo estable. Érika le dio por su lado, supuestamente trató de decir todo lo que Javier quería escuchar.

No hubo un solo instante desde la fiesta en que Javier no le insistiera a Érika que se casaran ya. Ella seguía firme en su decisión de graduarse, pero el amor que sentía por él era muy fuerte, por eso tenía tantas dudas. Un amigo del muchacho le comentó que lo mejor era que se casaran pronto, pues muchas mujeres pretendían a Javier y no fuera la de malas que en una de esas se fuera con otra. Lo mismo le platicó Javier: "hay muchas mujeres que quieren conmigo, pero yo te quiero a ti, así que lo mejor es que nos casemos pronto". La pobre muchacha no tuvo más remedio que darle el sí, ya que no quería perderlo. Él le prometió que la mantendría, que la llevaría a vivir a un departamento, que contrataría una sirvienta para que ella tuviera todo el tiempo necesario para estudiar.

La boda civil se llevó a cabo en secreto, ya que los papás de Érika todavía no estaban enterados de la decisión de su hija. Un mes después se casaron por la iglesia, pero casi no se lleva a cabo la ceremonia porque les avisaron ese mismo día y, como era obvio, los padres hicieron un drama. Érika tuvo que mentirles, les dijo que se casaba porque estaba embarazada, solamente así pudo tranquilizarlos.

Cuando Érika tenía que inscribirse al quinto semestre, Javier le dijo que ya no era necesario que estudiara, él podía mantenerla sin problemas; además, en la escuela había varios chicos que querían a Érika y era mejor no arriesgarse. Ni siquiera se dio cuenta de cómo le hizo para convencerla de que abandonara la carrera. Pronto se convirtió en ama de casa, se embarazó y poco a poco se volvió propiedad de Javier, ya que no dejaba que saliera con sus amigos y ni pensar en retomar sus estudios, eso sería una ofensa a la virilidad de su marido.

A pesar de que nunca la golpeó y la complacía en casi todo lo que quería, Érika no era feliz. Estaba en medio de un círculo de violencia emocional, ya que estaba aislada y no se le permitía regresar a estudiar como le había prometido su esposo al principio. Tampoco le permitía hablar con sus amigos por chat, prácticamente sólo vivía para Javier y para su hijo.

Cuando su ex novio volvió a la ciudad de México, fue a buscarla a la casa de sus padres. Ellos le contaron todo lo que había pasado. Evidentemente, no se daban cuenta de que su hija estaba encerrada en una jaula de oro y que su marido era un celoso de lo peor que no le permitía salir sola a la calle.

Pasaron más o menos cinco años para que Érika se diera cuenta de que sufría de abuso emocional. Escuchó un programa de radio en el que le recomendaron la lectura de algunos libros y así pudo zafarse de esa pesadilla. Retomó sus estudios, obtuvo el divorcio y poco a poco fue tomando el control de su vida, pero ella acepta que de pronto se hizo adicta y dependiente a esa relación que la tenía enclaustrada.

Abuso sexual

Es probable que la mayoría de las personas piense que el abuso sexual consiste únicamente en que un agresor penetre a su víctima de forma violenta o simplemente sin su consentimiento. Ésa es una de las razones por las que los otros casos de abuso sexual se ignoran. Por desgracia, cuando se pasa por alto este problema, la víctima puede sufrir por muchos años las vejaciones que su verdugo le haga.

En términos generales, el abuso sexual se define como un acto sexual en el que una de las partes no estuvo de acuerdo en que se llevara a cabo. La ley en

México reconoce dos delitos de este tipo: la violación y el estupro.

Otras formas de abuso sexual pueden ser: obligar o convencer con engaños a la víctima para que toque los genitales del abusador; incitar u obligar a un menor o a cualquier persona a que presencie actos sexuales en vivo o pornografía; tocamientos lascivos o masturbación, etcétera.

Algunos de los signos que presentan las víctimas de esta situación y en especial cuando son menores de edad son las siguientes:

- Irritación repentina y aparentemente inexplicable en las zonas genitales
- Manchas extrañas en la ropa interior (sangre, por ejemplo)
- Los menores se orinan en la cama frecuentemente, incluso cuando ya han aprendido a ir solos al baño
- En el caso de los niños, juegos en los que imitan el acto sexual
- Infecciones o enfermedades de transmisión sexual
- Conductas promiscuas no apropiadas para la edad de los niños
- Aislamiento y depresión
- Intento de suicidio
- Dibujos o escritos en los que expresen o insinúen que sufren este tipo de abusos

- Embarazos no planeados, en especial entre adolescentes
- Moretones, chupetones o rasguños

Cuando la violación se da por parte de un adulto conocido hacia un menor, sea un familiar o el hijo de un cercano, normalmente el agresor amenaza y manipula a su víctima para que no hable de eso. Estas personas analizan a sus víctimas como si se tratara de un cazador tras su presa, descubren a qué le tienen miedo, cuándo están solos, quién es la persona que más quieren y todo eso les da armas para poner en jaque a los afectados. De esta manera, el agresor puede amenazar a la víctima con matar a un ser querido si llegase a hablar de lo que le hace. También es común que el abusador manipule a su víctima para hacerla sentir culpable, la trabaja psicológicamente para que crea que si habla ella quedará como responsable de lo que ha pasado, es por eso que hay tantos casos en los que jamás se habla de esta situación.

En los peores casos, el abusador mata a su víctima cuando cree que ésta va a hablar o a denunciarlo; pero, como dijimos anteriormente, debemos estar alertas, porque muchas veces un menor o cualquier individuo puede sufrir de abuso sexual por años.

Consideramos necesario decir que es común que tengamos la idea de que las violaciones y el acoso se dan por parte de un hombre hacia una mujer; en casos raros, de una mujer mayor hacia un hombre menor, pero conocemos casos en los que hombres abusan de hombres y mujeres abusan de mujeres, causándoles las mismas lesiones físicas y emocionales de siempre.

En los peores casos, la víctima puede ser contagiada de alguna infección de transmisión sexual. Recordemos que, este tipo de enfermedades son tan riesgosas que si no se detectan a tiempo o si no se les da el tratamiento adecuado, pueden terminar con la vida del enfermo.

Los amigos que son enemigos. Ahora hablaremos de un caso real de violación en el que la víctima sufrió por mucho tiempo hasta que los padres por fin se dieron cuenta.

Es bastante común, quizás por el ritmo de vida propio de las grandes ciudades, que se encargue el cuidado de los hijos a algún amigo, algún vecino o familiar. La confianza que se deposita a un tercero sucede cuando creemos que lo conocemos lo suficiente como para poner en sus manos lo más preciado de nuestra vida.

La señora Victoria conocía a Ricardo desde que eran pequeños. Sus padres eran compadres y trataban a todos los niños de ambos matrimonios como miembros de la misma familia. Era tanto el cariño que se tenían, que decían que eran primos. Victoria, sus hermanos y los hermanos de Ricardo pasaban sus tardes jugando, viendo películas, e incluso se iban juntos de vacaciones.

Cuando Victoria cumplió veinte años, sus padres fallecieron en un accidente y se quedó sola, ya que sus hermanos mayores ya estaban casados, por lo que los frecuentaba poco; de hecho, uno de ellos vivía fuera de la ciudad.

Al terminar sus estudios, Victoria se casó con uno de los vecinos. Ricardo y sus dos hermanas le ayudaron con los preparativos de la boda, la llevaban a comprar los recuerdos, las invitaciones y el vestido. En ese tiempo Victoria ya estaba esperando a su primera hija, a la cual llamó Katia.

Después de doce años se embarazó de nuevo. Fue otra niña a la que nombró Estefanía. Más o menos por esas fechas, Victoria le comentó a Ricardo que su matrimonio no iba del todo bien, había tenido una discusión fuerte con su marido, la cual terminó con una propuesta de divorcio.

Antes de que su hija Katia se fuera a estudiar a Monterrey, ésta cuidaba de su hermanita mientras ambos padres salían a trabajar. El señor es neurocirujano y Victoria es arquitecta. Pasaban demasiado tiempo fuera, tanto que Estefanía le decía mamá a Katia. La llevaba al kínder, estaba al pendiente de sus medicinas si se enfermaba y aun así tenía buenas notas en la escuela.

Los padres de Katia se pusieron muy contentos cuando su hija obtuvo la beca para estudiar en el norte. Sin embargo, había un problema: Estefanía era muy pequeña y no podía cuidarse sola. Después de calcular los gastos que tendrían en los siguientes años por la renta del departamento en Monterrey y la escuela de la pequeña, se dieron cuenta de que no podrían contratar a una niñera.

Toda la familia de Ricardo seguía visitando la casa de Victoria. Ella creía que su mejor amigo de la infancia quería mucho a su hija porque le compraba regalos, la abrazaba cada que podía y la defendía de cualquiera que le hiciera un mal comentario, porque la niña estaba algo maleducada y hacía berrinche cuando no le cumplían sus caprichos. A Katia no le agradaba que Ricardo se acercara tanto a su hermanita, pero, como pasa siempre, los padres creen tener la razón, así que jamás tomaron en cuenta la opinión de su hija mayor.

Llegó el día en que Katia se mudó a Monterrey. Esa semana Victoria tomó sus vacaciones para asegurarse de que su hija viviría cómodamente. Al regresar al Distrito Federal, se enfrentó con el temido problema: ¿quién cuidaría de Estefanía?

La mamá de Ricardo se ofreció a cuidarla. No era cosa del otro mundo, la casa de la señora estaba casi enfrente; podía llevarla y recogerla de la escuela, darle de comer y ayudarle con las tareas. En dicho lugar vivían Ricardo, sus dos hijos, sus padres y una sobrina de diecisiete años.

El primer día que la señora Yolanda cuidó a Estefanía, sucedió un pequeño accidente: la niña se cayó a un bote con agua por tratar de sacar un vaso. Si Ricardo no la hubiera sacado, se hubiera ahogado. La verdad es que la señora Yolanda ya no veía bien; el oído también le fallaba, por lo que le era difícil saber dónde estaba la niña, además la casa era muy grande. Ricardo se molestó muchísimo con su madre, le dijo que no era bueno que a su edad se echara encima una responsabilidad como esa, así que acordaron que él la cuidaría en el piso de la casa que le pertenecía, pero no le dijeron nada a Victoria.

La pequeña Estefanía tampoco le dijo nada a su mamá. Se divertía mucho con los juguetes de los hijos de Ricardo, los cuales pasaban la mayoría del tiempo en casa de su madre.

En una junta escolar, la maestra de Estefanía le dijo a Victoria que su hija se aislaba de una manera extraña. Reaccionaba bruscamente cuando alguien la tocaba, aunque fuera en el hombro. Sus calificaciones estaban bajando, y la causa, según Victoria, era una crisis depresiva por pasar tiempo fuera de casa y porque su hermana ya no estaba allí para cuidarla.

Por falta de tiempo, Victoria no lavaba la ropa en casa, llevaba todo a una lavandería, pero una vez la encontró cerrada y no tuvo más remedio que hacerlo ella misma. Cuando estaba seleccionando la ropa de la pequeña Estefanía, vio unas manchas extrañas en su ropa interior; parecía sangre, pero no estaba realmente segura. Lo último que pasó por su mente fue que su hija sufría de abuso sexual.

En las siguientes vacaciones, Katia llegó a casa y se encargó del cuidado de su hermana, a la cual encontró muy cambiada. No hablaba mucho, su mirada parecía triste como si todo el tiempo viera al suelo. Cuando llegó el momento de despedirse de nuevo, Estefanía lloró como nunca y le suplicó a su hermana que no se fuera. Victoria no fue muy comprensiva, pues arrebató a la niña de los brazos de Katia para que ésta se pudiera ir.

Unas semanas después del octavo cumpleaños de Estefanía, su mamá descubrió que la niña tenía unos chupetones en los hombros. Lo primero que hizo fue ir a la escuela a reclamar, creía que uno de los alumnos estaba abusando de su hija; pero tras cuestionar a Estefanía, ella negó que fuera uno de sus compañeros.

Victoria le comentó a Yolanda sobre el comportamiento extraño de la pequeña, aquellas marcas en sus hombros y las manchas que a veces aparecían en su ropa interior. Por un momento, ambas mujeres pensaron que el periodo de la niña se estaba adelantando, pero la idea fue descartada por Victoria, ya que en el pasado había encontrado su ropa interior así. Si hubiera sabido que la señora no cuidaba a la niña y que pasaba prácticamente todo el día sola con Ricardo, hubiera resuelto que él abusaba de ella.

Por miedo a que le quitaran la custodia de Estefanía, Victoria no le dijo nada a su ex marido. Ella acepta que pasó por una etapa de negación en la que muy en el fondo sabía que su hija podría estar sufriendo de abuso, pero no quería aceptarlo.

En una ocasión volvió temprano del trabajo. Pasó a casa de los vecinos a recoger a su hija pero no la encontró. Yolanda le dijo que Ricardo la había llevado al cine, que no tardarían mucho en volver. Victoria suponía que había llevado a sus hijos y a Estefanía, porque cuando la ex esposa de Ricardo le dejaba a los niños, los sacaba a pasear, a comer a algún restaurante o a comprar juguetes.

Se quedó platicando un buen rato con Yolanda hasta que llegó Ricardo con la niña; solamente ellos dos habían ido al cine. A Victoria se le hizo raro todo lo que estaba pasando, así que tomó a la niña del brazo y se fueron a casa. Estefanía estaba muy callada, simplemente le dijo que quería dormir. Victoria, con el pretexto de bañarla, revisó el cuerpo de su hija para ver si se encontraba bien. Vio que tenía algunos rasguños en los muslos, la niña casi no hablaba, estaba muy nerviosa y seguía mirando hacia abajo. Sin decirle nada, Victoria salió del baño con la ropa interior de la niña, la revisó mientras marcó por teléfono al padre para que fuera inmediatamente a revisarla.

Después de reclamarle y, como dijo Victoria, de "poner el grito en el cielo", el doctor José Luis interpuso una demanda por violación. Las investigaciones apuntaron a que el agresor era Ricardo, quien fue apresado y condenado por abuso sexual. Más tarde, Estefanía por fin relató todo lo que sufrió en esos meses: amenazas, engaños, maltrato, en fin, vivió un infierno sin que nadie se diera cuenta.

Miles de casos similares se han registrado. Por desgracia, en más de la mitad el agresor termina matando a su víctima para que no lo acuse. Es importante que no descuidemos a los niños y que fomentemos la confianza necesaria para que no se callen cuando alguien les haga algo malo. De igual forma hay que darles una buena educación sexual de acuerdo con su edad, así será más difícil que puedan ser víctimas de una situación similar a la de Estefanía.

Discriminación

La creencia antaña de que un género es más fuerte y mejor que el otro ha llevado a las sociedades a poner a las mujeres en un segundo plano. Esta situación reduce sus posibilidades de desenvolverse plenamente en el ámbito social, político, religioso y laboral, ya que en muchas actividades se prescinde de la participación de las damas. Esta conducta de menospreciar al género femenino se llama *Discriminación de género* o *Sexismo.* Como lo dijimos en el primer capítulo, el sexismo es la consecuencia de una herencia cultural donde predominan las organizaciones patriarcales. Las mujeres, por su lado, han tratado de sobrevivir a todas estas vejaciones y ponerse a la par de los varones, pero en pocas ocasiones éstos permiten que el sexo femenino llegue a ejercer el control y mucho menos si creen que la balanza se inclinará completamente de su lado para pasar a ser una sociedad matriarcal.

La Ley Federal para Prevenir y Eliminar la Discriminación (1993) considera a ésta como "toda distinción, exclusión o restricción que, basada en el origen étnico o nacional, sexo, edad, discapacidad, condición social o económica, condiciones de salud, embarazo, lengua, religión, opiniones, preferencias sexuales, estado civil o cualquier otra, tenga por efecto impedir o anular el reconocimiento o el ejercicio de los derechos y la igualdad real de oportunidades de las personas". En otras palabras, todos somos propensos a sufrir cierto tipo de discriminación, pero en el caso de las mujeres que viven en sociedades patriarcales o machistas, es obvio que se les deja fuera de muchas actividades; se limitan sus derechos y se les orienta a dedicarse a labores hogareñas.

Son pocos los países del mundo que han tenido gobernantes mujeres. Fuera de la nobleza, han llegado a desempeñar cargos en secretarías, el Senado, o alcaldías, pero si buscamos las estadísticas veríamos que hay más hombres que mujeres ejerciendo la política. Algo similar pasa en las grandes empresas, hay más varones dirigiéndolas que mujeres. Existen, por ejemplo, negocios y empresas de tipo familiar donde los cargos se van heredando, pero casi siempre los padres buscan la manera de que sea un hijo y no una hija la que quede como dueño y cabeza de su patrimonio.

Años atrás, se decía que algunas carreras universitarias —principalmente en el campo de las humanidades y las artes— eran para mujeres y se les llamaba MMC (mientras me caso). De un grupo de diez personas, por lo menos siete eran mujeres, y de esas siete, menos de la mitad se graduaban. Asimismo, las ingenierías son consideradas carreras para hombres, y para muestra basta ir a alguna universidad y darse cuenta de que más del 90% de los ingenieros en formación son hombres.

En el ámbito deportivo, el futbol es considerado una actividad para hombres, aunque ya existan las competencias internacionales de soccer femenil. La propuesta de que hubiera árbitros mujeres fue aceptada por muy poco tiempo; la idea de que hubiera equipos mixtos les dio pavor a los miembros de la Federación y todo eso no es más que muestra de que la discriminación está latente.

Por otro lado, y siendo muy objetivos, no podemos echarle toda la culpa a los hombres. Conocemos casos cercanos en que las madres de familia orientan a sus hijas a que escojan ciertos tipos de actividades y pasatiempos propios del sexo femenino. La familia hace un escándalo cuando la niña desea jugar futbol, practicar artes marciales o simplemente terminar una carrera e independizarse. A diario vemos que hay familias en las que la madre obliga a su hija a que le planche la ropa al papá o al hermano, a que cocine, lave los trastes y se vuelva una joven ama de casa, mientras que su o sus hijos varones estudian, salen a fiestas, juegan o simplemente están en casa sin mover un dedo. En este contexto, la familia siempre preferirá "invertir" en la educación de los varones que en la de las mujeres, pues los primeros serán padres y deberán "mantener" a sus hijos y esposas, mientras que las niñas serán amas de casa, madres, mujeres sumisas y ejemplares.

Otro tipo de discriminación se da, por ejemplo en la competencia laboral cuando hay dos mujeres compitiendo por el mismo puesto. Hay personas que emplean damas atractivas, delgadas, rubias, con todos los rasgos que se consideran agradables a la vista. En este caso, una mujer poco agraciada puede ser discriminada, quizás ella está más preparada académicamente que la otra que es bonita, pero le darán el puesto a quien luzca más presentable.

En el contexto laboral, se sabe que la mujer gana menos en comparación con lo que percibe un hombre. Aunque los dos ocupen el mismo puesto, tengan la misma experiencia y los mismos años trabajando, normalmente a la mujer se le paga menos. ¿Por qué? No lo sabemos, pero es evidente que es un tipo de discriminación.

A pesar de que se han hecho muchas campañas para prevenir y combatir la discriminación de género, este problema sigue. No hace falta que nos engañemos, en todas las clases sociales pasa esto, la mujer sigue quedando en segundo plano y la igualdad, por desgracia, es un concepto meramente político, una manera de decir que hombres y mujeres son iguales ante la ley; sin embargo, la realidad es que hay situaciones en las que se protege más a los hombres y otras en las que se protege más a las mujeres. Hemos conocido casos recientes en los que una mujer X va al Ministerio Público a demandar a su esposo por maltrato, pero no le hacen caso, pues no la ha golpeado lo suficiente como para probar el hecho y levantar un acta.

Si alguna vez sufres de violencia y las autoridades no atienden tu denuncia, puedes buscar ayuda en otros lugares; organismos como la Comisión Nacional de los Derechos Humanos (CNDH) y el Centro de Atención a la Violencia Intrafamiliar (CAVI), dan asesoría y brindan apoyo para que tu problema sea atendido. En caso de que necesites asesoría jurídica para tramitar un divorcio o simplemente para saber cuáles son tus derechos, hay instancias como la UNAM que ofrecen el servicio de un bufet gratuito en el que te informarán en caso de que no puedas pagar a un abogado.

Como vimos en este capítulo, no hace falta ser una mujer golpeada para sufrir de violencia intrafamiliar. Varias actitudes, gestos y comentarios repercuten en la salud mental de muchas personas y, como siempre, las víctimas más frecuentes son las mujeres por el simple hecho de ser consideradas el "sexo débil".

El diálogo, en todos los sentidos, es importante para acabar con los actos de abuso, sea físico o psicológico. Lo más importante es que reflexiones sobre tu situación, aceptes que tienes un problema, decidas que quieres salir adelante y tomes las medidas necesarias, sea para que se te haga justicia o simplemente para librarte de un suplico que puede durar toda la vida.

Violencia en el noviazgo

Aunque todas las escuelas secundarias lo prohíban y la mayor parte de los padres esté en contra, el noviazgo es una parte importante de la formación de las personas. Durante la etapa de la adolescencia, los jóvenes comienzan a fijarse en otras personas y a relacionarse, ya sea de forma amistosa o como relación de pareja. El concepto que se tiene de que ser novios es algo tierno, inocente y bonito a veces se rompe cuando hay violencia de por medio. Sí, tú en estos momentos podrías estar en esta situación sin darte cuenta, ya que los signos de maltrato en el noviazgo son a veces sutiles. Asimismo, seguramente has notado que algunos de tus amigos se involucran con personas conflictivas o violentas que abusan física y emocionalmente de su pareja.

El principal problema de violencia en esta etapa son los celos excesivos. Hombres y mujeres pueden llegar a pensar que su pareja les pertenece; les molesta que hablen con otros, sean del mismo sexo o del contrario; se estresan y se enojan cuando no les contestan el teléfono y quizás fue porque no había señal en el metro, porque se le terminó la batería al celular o simplemente estaba en clase. Algo similar pasa con las redes sociales; el novio se puede sentir celoso porque alguien más le deja comentarios a su novia, porque ésta subió a internet una foto donde se viste de determinada manera o simplemente porque se comunica con sus amigos. Sabemos de casos en los que la chica tuvo que cerrar su cuenta de la red social porque su novio se lo exigió o porque le hizo una escena de celos. Por otro lado, también conocemos personas que manipulan y controlan a sus parejas mediante estos recursos web.

No es raro ver escenas de celos en los parques, las plazas, los cines y las escuelas. Cientos de chicos arman un escándalo por su inseguridad; según las estadísticas, los hombres son más celosos que las mujeres, es por eso que ellas son las que más sufren por los celos de sus parejas. Durante estas escenas y reproches tu pareja puede llegar a insultarte; queriéndolo o no, es una agresión y desafortunadamente después te dice que lo perdones, para que días más tarde lo vuelva a hacer.

Después de los celos pueden seguir situaciones como la que apuntamos anteriormente: ley del hielo, amenazas, incluso golpes. Ciertamente, hay varias chicas que nunca hablan de que sus novios las golpearon; no es necesario que les hayan causado lesiones graves, es suficiente con que les den pellizcos, una cachetada, una quemada de cigarro, patadas, fuertes apretones en los brazos, etcétera. Los padres, a veces confiados de que su "yerno" es un buen chico o ignorando que su hija tiene novio, jamás se enteran de esto. Por desgracia, si la hija creció observando cómo a su mamá la maltrataban, la sobajaban y le pegaban, seguramente ella aguantará este tipo de cosas, porque toda su vida lo ha visto como algo de lo más normal y es una historia de nunca acabar, porque si algún día llega a ser madre y no rompe con esta cadena de suplicio, sus hijos también tendrán ese tipo de conductas.

Cuando una pareja se siente el o la dueña de su cónyuge, cree tener el derecho de criticar todo: su familia, sus amigos, la música que escucha, su forma de vestir, de hablar y hasta de pensar. Ante todo, tu pareja debe respetarte y respetar a tus seres queridos; nadie tiene el derecho de alejarte de ellos, por mucho que creas amarlo o por mucho que él te diga que te ama. Recuerda algo: valen más los hechos que las palabras, el amor no solamente se siente ni se dice sentirse, se demuestra día con día.

Si un hombre te ama en realidad, nunca te pedirá o te obligará a hacer algo que no quieres. No es válido que te presione para tener relaciones sexuales, para asistir a algún lugar, para que te hagas un tatuaje o para que te vistas o dejes de vestirte de determinada manera. Tú eres dueña y responsable de tus actos; aprende a decir NO cuando sea necesario y siempre ten la confianza de que alguien puede ayudarte si sufres de maltrato.

Si permites que tu pareja se adueñe de tu vida de mala manera, si dejas que te humille en público o cuando están a solas, si soportas sus celos enfermizos y lo perdonas cada vez que te hace sentir como basura, significa que no te amas a ti misma, y si no lo haces entonces no puedes decir que amas alguien más en realidad. Nunca permitas que alguien te baje la autoestima. No temas dejar a tu novio si éste te causa daño, debe haber muchos otros hombres que te sepan apreciar, pero nadie lo hará si tú no te quieres a ti misma.

Si conoces a una amiga que sufre de violencia en su relación de noviazgo, pero atraviesa por una etapa de negación, puedes pedirle que haga el siguiente *test* para que se dé cuenta de lo que está pasando. Asimismo, esta prueba te ayudará a evitar las relaciones tormentosas, quizás no sea necesario que termines con tu pareja, sino que hables con él y trates de llegar a un arreglo.

Test

1º ¿Tu novio ha revisado los mensajes de texto de tu celular sin tu consentimiento?

2º ¿Tu novio te ha golpeado intencionalmente?

3º ¿Te hace chupetones frecuentemente en lugares visibles?

4º ¿Te ha jalado del brazo bruscamente cuando se enoja?

5º ¿Te ha amenazado con dejarte si no accedes a tener relaciones sexuales con él?

6º ¿Te ha obligado a tener relaciones sexuales?

7º ¿Ha tenido relaciones contigo mientras te encontrabas en estado de ebriedad?

8º ¿Se molesta si hablas con otros hombres?

9º Cuando van de compras juntos, ¿te hace comentarios negativos sobre la ropa que eliges?

10º ¿Alguna vez trató de convencerte o te pidió que cambiaras de religión?

11º ¿Critica tu forma de pensar o de vestir?

12º ¿Te ha humillado en público intencionalmente?

13º ¿Te ha pedido que canceles tu cuenta en alguna red social?

14º ¿Te ha rasguñado intencionalmente, quemado o marcado?

15º ¿Alguna vez te fue infiel?

Todas las preguntas anteriores hablan de una conducta de violencia. Por muy sutiles que parezcan, hay actitudes y comportamientos que denotan una completa falta de respeto hacia tu persona. Si respondiste que sí a más de tres preguntas, te pedimos que tengas cuidado; seguramente estás en medio de una relación conflictiva que puede traerte muchos problemas.

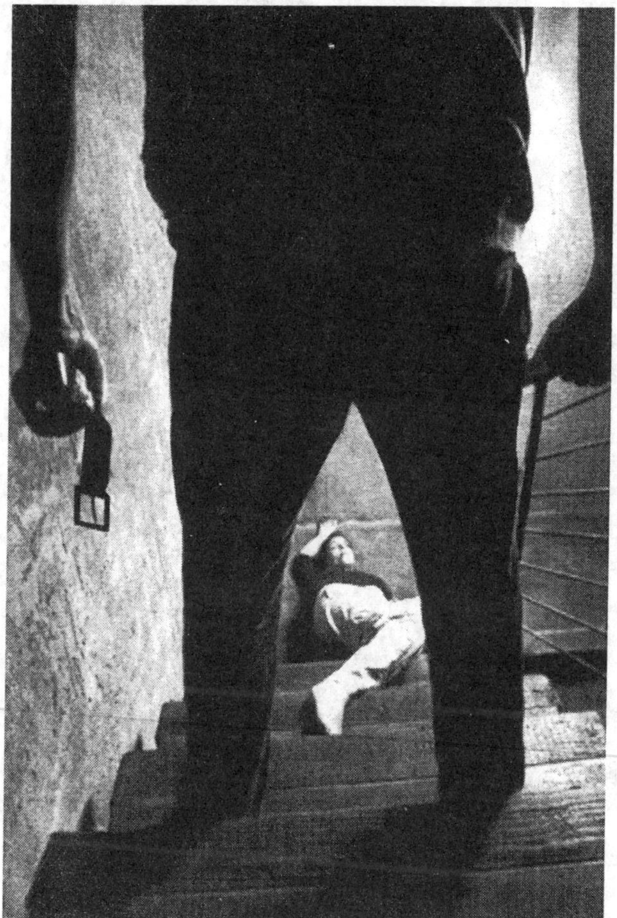

Capítulo 3

Principales causas y consecuencias de la violencia intrafamiliar

Últimamente, los temas del maltrato infantil y la violencia intrafamiliar han dejado de ser tabú. Antes resultaba normal —y hay quienes lo siguen considerando— que un hombre le pegara a su mujer, hasta hay un dicho popular que dice: "si no te pega, no te quiere". No podemos decir que es nuevo el hablar de estos temas, pero ahora se les da una amplia difusión, se crean organismos internacionales que protegen a las víctimas, nuevas leyes, publicidad en todos lados, pero lamentablemente las cifras nos muestran que, lejos de disminuir, los problemas de violencia van en aumento. Se calcula que en México mueren a diario seis mujeres por violencia. Encuestas realizadas revelan que el 76% de las parejas acepta sufrir maltrato desde el noviazgo, situación que es verdaderamente grave.

Existen muchos factores que son causa de la violencia. Los medios de comunicación, por ejemplo, han dejado de censurar las escenas de golpes, peleas y maltrato porque tergiversan el significado de la libertad de expresión. Una cosa es que traten de informar con "objetividad" y otra muy diferente que no tengan la sensibilidad ni la conciencia de que los menores no deben presenciar ciertos hechos. Parece que la televisión, el cine, el periódico y la internet necesitan incluir el suficiente material sádico, pornográfico, violento y de guerra para atraer audiencia. Los niños que crecen viendo todas estas muestras de crueldad van olvidando los valores esenciales, como el amor, la tolerancia, la compasión y, sobre todo, el respeto. Debemos por lo tanto tener cuidado con lo que los pequeños ven en los medios y en los videojuegos, porque ellos absorben todo en su etapa de formación y si se les hace cotidiano y normal jugar a matar, a golpear y a insultar, no podemos esperar a que este problema del índice de violencia disminuya. Recuerda que los niños de hoy son los adultos del mañana.

Los investigadores hablan de que las consecuencias de que un niño se desarrolle en un ambiente hostil son graves. Con frecuencia, las conductas violentas que demuestran los adultos son aprendidas, imitadas a veces. El *bullying* (intimidación escolar), por ejemplo, es una de las consecuencias de la violencia intrafamiliar, ya que los niños que observan cómo su padre golpea a su mamá repiten estos actos en la escuela con los compañeros más débiles.

El hecho de que no puedan defender a su madre contra las agresiones les pude causar un estrés que los lleva a desquitarse con los otros alumnos, con sus hermanos, con sus vecinos o con sus parejas cuando llegan a ser adultos.

Cuando los niños son testigos de los abusos que se cometen en casa, llegan a desarrollar cierto grado de depresión. Quizás ésta no sea evidente, pero puede repercutir en su desempeño escolar, por lo que muchas veces las malas calificaciones son causadas por este problema.

A continuación hablaremos de las causas y consecuencias más comunes de la violencia contra las mujeres.

Drogadicción y alcoholismo

En nuestro contexto sociocultural es bastante común la ingestión de bebidas alcohólicas. No hay reunión de negocios, fiesta, boda, o tarde de futbol en la que no se consuma, desde una cerveza hasta varias botellas de ron, whisky, tequila o vodka. La cuestión aquí es que se ha vuelto tan normal, que muchas personas niegan o ignoran que sufren un severo problema de alcoholismo, el cual si no se atiende a tiempo puede ser incurable. Una cosa es que se tome una o dos copas al mes u ocasionalmente y otra muy diferente que se beba una, dos o tres veces por semana.

Las bebidas embriagantes estuvieron prohibidas por varios años en países como Estados Unidos. Se supone que actualmente no se permite venderles este tipo de producto a menores de edad, pero lo cierto es que rara vez se respeta este lineamiento. Es también lamentable que los jóvenes no puedan hacer una fiesta sin consumir alcohol. A los padres parece no importarles que las cifras de alcohólicos menores de edad vayan en aumento.

Muchas de las peleas y los accidentes que se dan en las fiestas son causados por personas en estado de ebriedad. Es común que la violencia se suscite por un ex novio celoso; supongamos un caso en el que tú has terminado con un chico, éste va a la misma fiesta que tú, te ve con otro, quizás ni siquiera sea tu novio, pero piensa que sí. Tras beber unas copas, se siente con el valor de ir a reclamarte, quizás te agreda, intente golpear a tu acompañante y, aunque no te lastime a ti, te hará pasar un gran bochorno. Esta situación es tan común que la hemos presenciado muchas veces y es una de las pruebas de que no se necesita estar casada para padecer violencia.

Otro problema similar e igual de grave es la drogadicción. Todavía se cree que se necesita mucho dinero para conseguir drogas, por lo que muchos padres creen que sus hijos jamás se volverán adictos por su falta de recursos, pero eso no es verdad. Hay lugares donde la droga se regala, donde se manejan sustancias psicotrópicas a un costo muy bajo, y también están los solventes, que deterioran más rápido la salud de la persona.

Cuando un hombre llega a su casa drogado o en estado de ebriedad, lo más probable es que se inicie una discusión o que saque su ira y se desquite pegándole a su mujer. Nuevamente, le reiteramos que no hacen falta golpes para sufrir de violencia; otro tipo de maltrato se da cuando el marido hace pasar bochornos a su mujer, la insulta por no estar en sus cinco sentidos o la obliga a tener relaciones sexuales. Es traumatizante tener que soportar a un hombre que se está matando poco a poco; imagina por un momento a todas aquellas esposas que duermen respirando el aliento a alcohol. Tal vez en estos momentos pienses que no aguantarías esto y te separarías, pero eso no es lo que sucede en la gran mayoría de los casos.

Dentro de la casa puede pasar que no sea el marido sino el hijo o la hija quien sufre de adicciones. El proceso es casi igual, el hijo llega a casa en mal estado, quizás grite, haga un drama, insulte a sus padres, les reclame por su falta de atención y los haga sentir mal porque saben que uno de sus seres queridos está en riesgo. Te invitamos a que platiques con tus hijos y les expliques que el alcohol y las drogas pueden destruir su vida; una copa, un cigarro de marihuana, una tacha, sólo se necesita una pequeña muestra para volverse adicto y es una mentira que se puedan controlar o que se pueden dejar, en todo caso es mejor evitar el consumo.

Es importante mencionar que las adicciones no son únicamente una causa de la violencia, sino también una consecuencia. Cientos de mujeres de todas las edades y condiciones sociales se hacen dependientes del alcohol o buscan en las drogas un refugio para esconderse del trauma que han pasado.

Si conoces a alguien que padece de maltrato, es recomendable que hables de las consecuencias graves que puede traer una adicción. Si desafortunadamente has probado drogas y ya sientes la necesidad de volver a hacerlo, es importante que busques ayuda de inmediato, antes de que te hagas dependiente.

Infidelidad

Un hombre puede encontrar cientos de pretextos para justificar la infidelidad. Puede ser que muchos se respalden en la vieja creencia de que para cada hombre hay siete mujeres. Esta conducta que consiste en mantener una relación extramarital (aunque también se da en el noviazgo) es más común de lo que se cree. En el caso de que la infidelidad se dé en el matrimonio, recibe el nombre de adulterio y consideramos importante mencionar que este acto deshonesto estuvo penado en varias culturas, incluso con la muerte, pero últimamente, en algunos países, incluyendo México, se han derogado las leyes que lo condenan.

La infidelidad va más allá del hecho de quebrantar el pacto tácito o escrito de que se mantendrán relaciones sexuales con la pareja que se ha elegido libremente, se trata de un tipo de violencia que lastima gravemente a la mujer afectada.

Las cifras que indican la frecuencia con la que las personas son infieles son alarmantes, entre el 50 y el 60% de los hombres y las mujeres acepta haber tenido, por lo menos una vez en su vida, un encuentro sexual o "amoroso" con alguien que no era su pareja oficialmente.

Con seguridad conocemos uno o varios casos de este tipo, incluso sucede a temprana edad, en los noviazgos de secundaria y de bachillerato. Asimismo, es probable que sepas de alguien que sabe que su pareja le es infiel, pero ella no dice ni hace nada, sigue allí, perdonando a su pareja, buscando pretextos para justificarlo o negando lo que le pasa.

Aunque tengas la autoestima muy baja, no es justo que te tortures sabiendo que tu pareja te engaña con alguien más. Como ya lo dijimos, la infidelidad es una forma de violencia, aunque también puede ser una causa y una consecuencia. Nadie en este mundo es indispensable, tú puedes salir adelante sin tu pareja actual. Nunca permitas que te sobaje ni te humille comparándote con su amante.

La infidelidad puede preceder al abuso emocional o físico. El primero viene cuando el victimario hace lo posible para que su pareja se dé cuenta del engaño; esto le provocará un dolor inmenso, comenzará a preguntarse qué hizo mal, por qué no satisface a su cónyuge, y poco a poco se va deprimiendo hasta sentir que no vale nada. Si la mujer se atreve a enfrentar al hombre reclamándole o pidiendo explicaciones, frecuentemente éste la golpea, es entonces cuando estalla la violencia física.

Lo más grave y peligroso de sufrir la infidelidad de la pareja es el hecho de que la mujer puede contagiarse de alguna enfermedad venérea. Ella no tiene idea de cuál es la vida sexual de su marido; quizás no se ha protegido y él ya esté enfermo de sida, herpes, sífilis u otra enfermedad. Por esta razón, más que por cualquier otra, debes frenar de lleno este problema, pues tu vida corre riesgo.

Depresión

La depresión, aunque pudiera parecer algo común y normal en los seres humanos, se trata en verdad de una peligrosa enfermedad que, aunque es mental, repercute en el estado físico del paciente; puede causar su muerte, orillarlo al suicidio, bajar las defensas del sistema inmunológico y, en muchos casos, puede contagiarse.

Tras un episodio de abuso emocional o de violencia física, una persona puede entristecerse a tal grado de que deja de interesarse por su cuidado personal y su salud. Es fácil reconocer a una persona deprimida, se le nota en la cara, en sus actitudes, en su desenvolvimiento, así como en su aspecto físico general.

Los síntomas más comunes y evidentes de la depresión son:

- Pérdida de apetito, lo que ocasiona que el enfermo adelgace.
- Aunque parezca contradictorio, en algunos casos la depresión causa un apetito insaciable, pero normalmente la persona siente la necesidad de comer cosas dulces.
- Sensación de fatiga, lo que causa incapacidad para llevar a cabo las labores diarias (escuela, trabajo, deportes, pasatiempos, etcétera).
- Enfermedades frecuentes como gripe, infecciones y diarrea por causa de la baja de las defensas.
- Llanto frecuente, aunque suceda cuando esté a solas.
- Caída del cabello.
- Gestos serios o tristes.
- Déficit de atención.
- Intentos de quitarse la vida o pensamientos suicidas.

- Tendencia a escuchar canciones tristes.
- Disminución del deseo sexual.

Se debe tener precaución cuando se sufran todos o la mayoría de los síntomas presentados, pues si se pasa por alto la depresión empeorará cada vez más hasta matar al paciente o sumergirlo en una crisis bastante difícil de superar. Se sabe que las mujeres son más propensas a padecer esta enfermedad por todos los cambios hormonales que experimentan durante su vida fértil; esto, aunado a la propensión a sufrir violencia, hace que las crisis depresivas sean bastante comunes.

La depresión puede convertirse en un suplicio para la mujer. En este caso no hacen falta golpes, ni siquiera que sea ella quien la padezca; el dolor de ver a su pareja o a alguno de sus hijos sumergido en una crisis emocional severa le puede cambiar la vida negativamente.

Es importante tener en cuenta que la depresión no se cura sola, hay que recurrir a terapia e incluso, si se trata de un caso grave, quizás necesite medicación.

Estrés

Otro detonante de la violencia intrafamiliar es el estrés, un síndrome bastante común en nuestros días; lo peor de todo es que, al igual que la depresión, también se contagia; así un padre estresado puede transmitir esa sensación a su pareja y a sus hijos, y viceversa. Pero ¿qué es exactamente el estrés?

Se trata de una tensión provocada por las situaciones agobiantes que causan una serie de reacciones psicosomáticas. A pesar de que es completamente normal presentar varios episodios de estrés en nuestras vidas, es preocupante que ahora sea algo tan cotidiano, casi como las necesidades básicas. Cualquier cosa, situación o idea puede provocar tensión en nosotros: darle de comer a los niños, hacer rendir el gasto, llegar a tiempo al trabajo o a la escuela, cuidar de nuestra propia salud, una carga excesiva de trabajo, un embarazo, deudas, etcétera. El ritmo de vida tan acelerado no ayuda en nada a nuestra salud, ya que el estrés tiene varios síntomas —aunque no sea propiamente una enfermedad—, los cuales enumeramos a continuación, no obstante no se limitan ni se presentan todos de la misma manera:

- Insomnio, la persona no logra dormir aunque se sienta cansada.
- Nerviosismo, pueden presentarse crisis o simplemente se refleja en la forma en que se consume determinado producto, sean cigarros, dulces, café y, en algunos casos, drogas y alcohol.
- Irritabilidad, el afectado se molesta fácilmente por todo.

- Caída del cabello, a cualquier edad; sea hombre o mujer, puede perder más cabello del que se pierde normalmente.
- En el caso de las mujeres, irregularidad menstrual e incluso periodos de infertilidad.
- Hipertensión arterial.

El estrés, como respuesta natural a las presiones o agresiones del exterior, puede provocar severos problemas de salud. Los más comunes, mencionados anteriormente son el insomnio, la hipertensión arterial y la irregularidad en la menstruación. Cuando el estrés se vuelve algo cotidiano, la persona se va acostumbrando a vivir con ello sin darse cuenta de que esta situación le puede causar una trombosis, un paro cardiaco, parálisis facial o una baja de defensas del sistema inmunológico.

Un auxiliar para combatir el estrés es la terapia de relajación. Se puede recurrir al yoga, al reiki o a algún suplemento alimenticio que recomiende el médico.

Por otro lado, el estrés no sólo es una causa de la violencia, sino también una consecuencia. La mujer maltratada vive en un constante estado de estrés que en la mayoría de los casos le causa una depresión severa o los típicos problemas de salud de los que ya hablamos. Por esta razón, no debes hundirte en una relación que te lastime, es necesario que le pongas un alto a la violencia porque, además de afectarte a ti, afecta a tus seres más queridos, tus hijos, por ejemplo, aunque ellos no lo vivan en carne propia.

Sabemos que es fácil decir que la solución a las vejaciones, por lo menos en el caso de las parejas, es la separación; sin embargo, es muy difícil desprenderse de alguien con quien quizás ya se formó un patrimonio. Es por eso que en el siguiente capítulo hablaremos de la dependencia y la adicción a las relaciones conflictivas.

Capítulo 4

Adicción y dependencia a las relaciones conflictivas

¿Alguna vez has escuchado un dicho popular que dice: "pégame pero no me dejes"? Pues bien, podríamos decir que muchas, de hecho la gran mayoría, de las mujeres maltratadas estan dispuestas a seguir soportando las vejaciones que les hace su pareja; las razones son muchas, bastante variadas, aunque la principal razón son los hijos o el qué pensará la sociedad si se divorcia.

Resulta interesante saber que la mujer que se hace dependiente de la relación conflictiva presenta ciertos rasgos que son comunes y constantes en varias de las víctimas que después de un tiempo deciden recibir ayuda psicológica. Entre estas características se encuentran las siguientes:

- Necesidad de sentirse protegida. La mujer busca un hombre en el antiguo y estricto sentido de la palabra para que éste la "cuide".
- Ausencia de la figura paterna durante su infancia y/o adolescencia.
- Baja autoestima. Aunque se trate de mujeres muy bellas o académicamente preparadas, sienten que son poca cosa a comparación de los hombres o de las mujeres que ellas creen mejores.
- Alto nivel de credulidad. La víctima piensa que él cambiará aun cuando las agresiones se hayan repetido varias veces.
- La mayoría de estas damas se cree culpable de la violencia ejercida en su contra.
- Son muy idealistas, les cuesta trabajo centrarse en la realidad.
- Tienen escasa fuerza de voluntad.
- En ocasiones, tienden a ser solidarias y altruistas.
- Dificultad para controlar sus sentimientos, en especial los que tiene que ver con el amor.
- Desconocen sus derechos y las leyes que la protegen.

Así como es difícil que un drogadicto o un alcohólico acepte y reconozca su problema, así también algunas mujeres niegan que sus esposos abusan de ellas física y psicológicamente. Lo más común es que cuando sufren de golpes o alguna otra agresión similar traten de tapar las huellas con el maquillaje o usando ropa que les cubra la parte afectada. En lo personal, me consta que hay quienes ocultan hábilmente su problema, tanto que pasé la mitad de mi vida sin saber que mujeres muy cercanas —incluyendo a mi madre— sufrían de maltrato. Si una de cada tres mujeres es violentada, imagina cuántas de las que conoces se encuentra en esta situación.

Lo peor es cuando se aferran a las ideas que les pudieron haber inculcado a lo largo de su formación; por ejemplo, que el matrimonio es para siempre y que el divorcio es pecado, que una mujer no puede salir adelante sin un hombre, que "si te pega es porque te quiere", que hay que aguantar por los hijos, en fin, una víctima en negación puede encontrar miles de pretextos para quedarse estancada en donde está.

Cuando una mujer es víctima de maltrato emocional automáticamente se convierte en una persona dependiente; es por eso que en la mayoría de las veces algunas mujeres tardan mucho tiempo en separarse de su pareja, pues el miedo que sienten al abandono es tan grande que prefieren seguir aguantando; la dependencia es tanta en estos casos que, por lo regular, la víctima de estos maltratos psicológicos termina disculpando al agresor. Una vez liberada la tensión acumulada a través del incidente de abuso emocional, el abusador y la víctima se reconcilian y todo vuelve a la "normalidad"; como ya lo dijimos, normalmente se busca obtener el perdón de la víctima mediante regalos, llanto, promesas e incluso mediante el sexo. En esta etapa puede pasar que la víctima justifique al abusador, que lo dispense o que le ruegue que arreglen su relación; por su parte, el abusador pide disculpas y promete que no volverá a ocurrir, pero todos sabemos que quien lo hace una vez puede volverlo a hacer.

El proceso de negación es común, más normal de lo que se piensa. Para alguien que no ha padecido los efectos de la violencia intrafamiliar puede resultar tonto que la víctima se quede con su maltratador, que pueda dormir con él tranquilamente sin decir o hacer nada, pero la verdad es que separarse de alguien a quien se creía el amor de tu vida no es fácil porque hay muchas cosas en juego.

El ciclo de agresión —disculpas— reconciliación se perpetúa indefinidamente mientras la víctima no le ponga fin a esa manera inadecuada de relacionarse con el otro. La tercera etapa del ciclo es, quizás, la más peligrosa, ya que las víctimas suelen creer que el abusador cambiará y que realmente el abuso no volverá a ocurrir.

En escasas ocasiones, cuando la víctima (o en algunos casos, el victimario) toma conciencia de que se está repitiendo un patrón de conducta cíclico que no resuelve el problema, sino que lo perpetúa en el tiempo, es posible que decida modificar su conducta y abandonar su rol dentro de esa relación.

Sin embargo, resulta bastante complicado dejar esta condición, en especial cuando ya se ha formado una familia. Por lo regular, a las personas les cuesta mucho romper con una relación abusiva por varios motivos: las costumbres, los hijos o la inversión que han hecho en esa relación. Esta inversión puede ser afectiva, social, material o económica, de tiempo, etcétera. Hemos conocido casos en que la pareja vivió en unión libre, construyó su patrimonio, hubo inversión por ambas partes y a la hora de quererse separar no se cuenta con un documento que diga qué cosa le pertenece a quién, lo cual dificulta aún más las cosas.

Otro motivo por el cual resulta difícil romper los lazos que unen a dos personas en una relación tormentosa es que los abusadores suelen comprometer a sus víctimas; por ejemplo, pueden generarles dependencia emocional o afectiva, dependencia económica, dependencia familiar, en fin, dependencia en todos los sentidos; conocemos casos en que la mujer ni siquiera sabe andar sola por la ciudad porque el marido la llevaba a todas partes en auto, lo cual no permite que ella sepa ubicarse o usar algún medio de transporte público. A veces, hay mucho en juego, más allá del trauma emocional que viene después de separarse del "ser amado". En el caso de una relación de pareja pueden ser las posesiones materiales y la separación física de la familia, decidir con quién vivirán los niños, etcétera. Este tipo de separaciones también suele implicar una pérdida económica importante y el estilo de vida quizás ya no sea el mismo.

Después de muchos años de casada, una mujer se puede sentir incapaz de empezar de nuevo, de contraer nupcias por segunda vez o de salir adelante sola. A veces esos pensamientos son provocados por los amigos, por la familia del ex esposo e incluso por los propios hijos y los padres de la afectada; asimismo, se pueden dar porque la víctima, tras experimentar todo tipo de abusos, tiene la autoestima muy baja. Es importante que después de librarte del suplicio que te pudo causar tu pareja busques atención psicológica, aunque creas que no la necesitas.

A veces la dependencia de una relación puede orillar a una mujer a cometer ciertos actos que le pueden cambiar la vida. En cierto caso, una joven decidió embarazarse de su agresor para que éste no la abandonara. El tipo le fue infiel unas ocho veces con distintas mujeres. La víctima sabía de esto, pero nunca se atrevió a decirle nada. Vivieron juntos en casa de la suegra del muchacho sin estar casados. Él era el típico que la maltrataba y, después de hacerla sentir como escoria, trataba de contentarla con regalos o portándose cariñoso cuando caía la noche. Cuando cumplieron dos años de vivir juntos, le dijo a la joven que se iría de la casa para irse a vivir con otra, pero que ella podía quedarse en el cuartito donde dormían actualmente, ya había hablado con su mamá y ésta no tenía inconveniente. Fue así que la víctima decidió rasgar el preservativo y embarazarse para convencer a su pareja de que se quedara con ella. Y así fue, el hombre no la abandonó pero en cuanto ella dio a luz siguió golpeándola hasta que el hijo tuvo suficiente edad para romperle la cara.

Ya hablamos de que los agresores, después de haber causado el suficiente daño, fingen o sienten que están arrepentidos, piden disculpas y de alguna manera consiguen que los perdonen. Sin embargo, también hay mujeres que suplican a sus victimarios que no las dejen. Esta conducta enfermiza, por demás frecuente, lleva a la afectada a caer en lo más bajo. Quizás ni siquiera tenga el sentimiento sincero de querer reconciliarse, pero su inseguridad la lleva a no creer en sí misma.

Todos los seres humanos deberíamos considerar la idea de que nadie es indispensable. Una mujer puede salir adelante sola, no hace falta que un hombre la mantenga. Asimismo, en cualquier momento puede rehacer su vida con otra persona.

Ahora aclararemos algo: cuando hablamos de relación lo primero en lo que pensamos es en una pareja, pero la realidad es que las relaciones conflictivas se dan en todos los ámbitos: las amistades, el trabajo, la familia. Aunque no se hable profundamente sobre los abusos que puede sufrir una mujer en el trabajo, cabe mencionar que estas formas de maltrato son muy comunes; puede que el jefe de la víctima la presione para que salga con él, la amenace con despedirla si no accede a tener algún tipo de encuentro sexual o simplemente le encargue demasiado trabajo, más de lo que debe. En estos casos la dependencia se da porque la mujer no encuentra la manera de zafarse debido a lo difícil que es encontrar trabajo o a que en esos momentos su familia depende económicamente de ella y dejar el trabajo sería dejar a expensas del tiempo y de una crisis a sus seres queridos.

Otro tipo de dependencia se da normalmente en la adolescencia, pero no se limita, cuando la víctima soporta las vejaciones de sus amigos con tal de pertenecer a un grupo. A veces es tanto el miedo que se le tiene a la soledad, que dejamos que otros nos hagan menos, nos insulten y se diviertan burlándose de nuestros defectos. Para evitar esta situación tan traumática es necesario que se fomente la autoestima de los jóvenes y que los niños crezcan formándose con valores positivos.

Te queremos pedir que si llegaste a sufrir algún episodio desafortunado en el que hubo maltrato, cuentes tu experiencia, la compartas con otras personas para que así puedan retroalimentarse contigo. Además de encontrar una forma de desahogarte, puedes realizar un acto altruista que le ayude a otras mujeres a salir adelante.

Capítulo 5

Feminicidio

Feminicidio es un término relativamente nuevo que se refiere al homicidio de mujeres por razones de género. La creciente cifra de víctimas femeninas causó la necesidad de acuñar tal palabra en el idioma español.

México ha atraído la atención del mundo por los lamentables sucesos al norte del país. Nos referimos, por supuesto, a "las muertas de Juárez". En enero de 1993 se encontró la primera víctima de los feminicidios en la ciudad más poblada de Chihuahua. Era una adolescente de 13 años llamada Alma Chavira Farel; cuatro meses después hallaron el cadáver de otra muchacha, luego de otras nueve, fue así que se tuvo que aceptar la teoría de la presencia de un asesino serial. Las edades de las otras fallecidas oscilan entre los 10 y los 35 años. Algunos informes aseguran que ha habido más de mil casos de asesinatos en 14 años. En 2010 hubo aproximadamente

3,100 feminicidios, y en lo que va de 2011 se registraron 300. El Paso Texas, Granjas Santa Elena, Lote Bravo y las faldas del Cerro del Cristo Negro son los lugares donde más se hallaron cuerpos.

Las constantes de estos crímenes son sadismo sexual y *asfixofilia*,[1] es decir, antes de matarlas las violaron. Existe la teoría de que las víctimas fueron seleccionadas previamente, ya que casi todas tienen las mismas características: eran jóvenes, la mayoría se empleaba en plantas maquiladoras o de comercios en la zona centro de Ciudad Juárez, no contaban con vehículos para transportarse y tenían que viajar en camiones hacia su destino. Eran bonitas, jóvenes, delgadas, morenas, de cabello largo; vivían en la periferia de la ciudad y muchas llegaron a la frontera desde otras ciudades, atraídas por la posibilidad de encontrar trabajo de inmediato y de ayudar a sus familias. Hubo casos en que se parecía que algunas de estas víctimas fueron sacrificadas en una especie de ritual satánico, pero no se ha comprobado la existencia de grupos sectarios que se dediquen este tipo de ofrendas. Supuestamente, la policía del estado arrestó a varios de los responsables de estos crímenes, incluyendo al egipcio Abdel Latif Shariff, pero aun así continuaron las matanzas, por lo que se cree que los detenidos eran chivos expiatorios. Otras hipótesis apuntan a que Shariff es el único culpable y

1 También llamada hipoxifilia, se trata de una práctica erótica muy peligrosa que consiste en impedir la respiración de la pareja o la propia durante el acto sexual.

que los asesinatos continuaron porque él mismo contrató homicidas desde la cárcel para que las autoridades creyeran que era inocente.

Sea quien sea el responsable de estos lamentables actos de violencia, debemos tener en cuenta que el feminicidio es una realidad mundial, a diario cientos de mujeres son asesinadas por criminales o por sus propios esposos. Un hombre que golpea a su pareja es capaz de matarla en cualquier momento, aunque no tenga intención de hacerlo. Un simple empujón, una caída por las escaleras o un golpe en la cabeza son capaces de terminar con la vida de una mujer. Un apretón en el brazo puede ser el antecesor de una cachetada o un puñetazo; después de esto puede seguir una golpiza y, en el peor de los casos, la muerte.

Después de revisar algunas causas y consecuencias de la violencia hacia la mujer, podemos decir que a veces no es necesario que el homicida use armas para matar a su víctima, ésta puede sufrir una amplia agonía en todos esos años de maltrato; puede enfermarse de depresión, morir por los cambios bruscos que el estrés causa en el organismo, y en algunos casos el victimario orilla a la mujer afectada al suicidio.

De amante a verdugo

Resulta difícil de entender por qué en ocasiones esa persona que juró amarnos eternamente, de un día para otro se convierte en nuestro peor enemigo, eso en el mejor de los casos, ya que a veces puede ser que se convierta en nuestro verdugo.

El siguiente testimonio fue proporcionado por un arrendador que fue testigo de un feminicidio en el que no se percibió violencia previa. Nuevamente, por razones de confidencialidad, los nombres, lugares y fechas han sido cambiados.

La hija del señor Francisco terminó su carrera en química farmacéutica biológica hace diez años. En la fiesta de graduación por fin conoció a la amiga de la que tanto le había hablado su hija durante todo ese tiempo. Marcela era una muchacha de la misma estatura que Valeria, tenía unos hermosos ojos verdes, el cabello castaño claro y una sonrisa agradable. No debía ser casualidad que ambas salieran con el mismo promedio, ya que se la pasaban estudiando juntas en casa de Marcela o en la universidad. Poco antes de que acabara la fiesta, Valeria le preguntó a su papá que si le podía rentar a Marcela uno de los departamentos del edificio donde vivían. Francisco les sonrió a las chicas y les dijo que las invitaba a desayunar al otro día para que discutieran sobre eso.

Fueron a un restaurante en una plaza comercial. El señor Francisco preguntó la razón por la cual la chica quería vivir sola, apenas tenía 23 años, estaba recién graduada y le parecía un poco aventurado empezar a independizarse. Marcela le comentó que sus padres se habían separado hacía algunos meses. El padre quería irse a Querétaro, por lo que iba a vender la casa, y la mamá se iba a mudar con su abuela, pero allí solamente cabía una persona, así que tenía dos opciones: rentar y vivir sola o cambiarse a Querétaro.

Después de platicar sobre la fiesta y sobre el dilema en el que se encontraba Marcela, Francisco llegó a un acuerdo con la muchacha: le dijo que le cobraría la mitad de la renta por ser amiga de su hija.

Los hermanos de Valeria y el mismo Francisco ayudaron en la decoración del departamento y en la mudanza, la cual fue fácil debido a que Marcela solamente tenía una cama, dos libreros, un buró, sus libros y su ropa.

Tanto Marcela como Valeria deseaban entrar a la maestría y seguir sus estudios de posgrado. Para Valeria era más sencillo, pues sus padres la apoyaban en todo, por lo que no tenía necesidad de trabajar. Por otro lado, Marcela acababa de separarse de su familia y debía mantenerse sola. Según sus cálculos, el dinero que tenía ahorrado era suficiente para pagar seis meses de renta y vivir cómodamente hasta que encontrara un trabajo de medio tiempo que le permitiera cursar el posgrado. Lo único que consiguió fue un puesto como responsable de un laboratorio en el centro de salud de la colonia.

El novio de Marcela se llamaba Sebastián. Era de la misma generación que las muchachas y, al igual que su novia, estaba en proceso de buscar trabajo. Habían iniciado su relación en el cuarto semestre de la carrera y, según el testimonio de Valeria, su amiga jamás sufrió de ningún tipo de violencia, o por lo menos nunca se enteró ni notó que Sebastián tuviera un comportamiento extraño.

Al tercer mes de trabajar en el centro de salud, Marcela comenzó a tener problemas de nómina, su cheque se atrasaba o simplemente no salía el pago. Lo mismo le pasó varias veces, una vez no pudo pagar la renta a tiempo, y a pesar de que Francisco le dijo que no había ningún problema ella se sintió estresada, no quería que el padre de su amiga pensara que estaba abusando de su confianza.

Después de unas semanas, Marcela le comentó a su amiga que había tomado la decisión de vivir con Sebastián para que le ayudara con los gastos del departamento, así no tendría que pasar el bochorno de decirle a Francisco que le pagaría la renta más tarde. Valeria le pidió que pensara bien las cosas, estaba convencida de que no era el momento adecuado para que viviera con Sebastián, ya que su relación no era tan fuerte, apenas y se veían dos o tres veces por semana; además, no sabía cuáles eran las costumbres de su novio, quizás no sabía ni cocinar, ni era capaz de lavar un plato. Valeria notó una actitud extraña por parte de Sebastián cuando éste se enteró de que ambas se quedaron en la maestría y él no. Como toda novia enamorada, Marcela justificó a Sebastián, según ella era normal que se sintiera mal.

Por más que trataron de convencerla, Marcela tomó su decisión y Sebastián se mudó al departamento. Como Valeria lo sospechaba, el joven erudito no sabía usar una lavadora, ni cocinar, no acostumbraba lavar trastes, barrer o hacer algún otro quehacer doméstico. La casa entonces parecía un desastre; él trabajaba ocho horas y el resto de su tiempo lo pasaba en la computadora. Por su parte, Marcela no tenía el tiempo suficiente para mantener la casa en orden, ya que la maestría le requería más horas de las que había calculado.

Una trabajadora del centro de salud le comentó que había una vacante en un famoso hospital privado. Si obtenía ese trabajo, Marcela iba a ganar cuatro veces más de lo que obtenía en ese entonces, además de que le quedaba más cerca de la universidad. Esa misma noche le comentó a su pareja sobre la oferta de trabajo. La sorpresa que se llevaron ambos fue que Sebastián también metió su solicitud para la misma vacante. Un profesor de la universidad se comunicó con él para avisarle del trabajo. Marcela le contó todo a Valeria, esperaba que le diera su opinión, ya que en esos momentos no sabía si meter o no su currículo. Al final decidió entregar sus documentos al hospital, pero le dijo a Sebastián que no lo haría.

El siguiente lunes le avisaron que le habían dado el trabajo. Entonces se puso muy feliz, se lo comentó a Francisco y a su mejor amiga. Tenía ganas de comentárselo también a su novio, pero pensó que lo mejor sería esperar un poco para que no se sintiera mal.

Sucedió que una vez Sebastián necesitaba su identificación y una tarjeta de débito. Había olvidado ambas cosas en el bolso de mano de Marcela el fin de semana pasado. Como no sabía nada acerca del nuevo trabajo de su novia, la fue a buscar al centro de salud; como era obvio, no la encontró allí. Una de sus ex compañeras le dijo que ya no trabajaba allí, que si quería le podía dar la dirección del hospital donde estaba. Cuando Sebastián anotó los datos, se dio cuenta de que se trataba del hospital al que intentó entrar.

En la noche, mientras cenaban, Sebastián le reclamó porque no le había dicho nada. Marcela se sintió culpable, sobre todo porque el chico se salió del departamento llorando y no volvió hasta el otro día. La verdad es que Sebastián no había ejercido la carrera en ese tiempo, por lo que tenía desventaja frente a su novia, ya que ella tenía unos ocho meses en el centro de salud.

Dos días después del drama que hizo Sebastián, Francisco y su hija encontraron el cuerpo de Marcela en las escaleras del edificio. Su cabeza estaba sobre un charco de sangre. Las investigaciones revelaron que la joven mujer había sido envenenada con cianuro. El principal sospechoso fue Sebastián, pues pocas personas podían conseguir tan fácilmente esa sustancia; además, sus huellas estaban por todas partes, incluyendo la copa envenenada.

En este lamentable caso, la víctima fue asesinada por su novio debido a los celos profesionales que éste le tenía, primero por no haberse quedado en la maestría y después porque Marcela obtuvo el trabajo que él quería.

Para detener los feminicidios es necesario ponerle un alto a la violencia. Los niños deben entender que el respeto es fundamental para la convivencia sana dentro y fuera de la familia. Si la televisión y los otros medios contienen material que promueve o simplemente enseña agresiones físicas o verbales, tenemos que hacerles entender que eso no está bien, no deben imitar en ningún momento las prácticas que ofendan o atenten contra la integridad de otros individuos.

Capítulo 6

Perfil del hombre violento

Los expertos en el tema del abuso contra las mujeres han hecho estudios para detectar y clasificar a los hombres violentos. Es importante mencionar que hay características, actitudes, conductas y hábitos que pueden orillar a un hombre a agredir a los demás. Los agresores que están casados normalmente desquitan sus frustraciones con las personas más cercanas, sean sus hijos o su esposa.

Aunque la mayoría de los varones violentos demuestra antecedentes de este tipo de acciones, cabe mencionar que también hay ocasiones en que la violencia surge espontáneamente. En el capítulo donde enumeramos las consecuencias del maltrato dijimos que gran parte de los niños que crecen en un ambiente hostil terminan siendo adultos agresores, pero no siempre pasa así. Puede ser que el niño haya crecido rodeado de amor, de oportunidades, de apoyo, y a pesar de esto llega a ser victimario de sus hijos y/o esposa.

Hablando de esto, las investigaciones demuestran que la mayoría de los hombres violentos tienen la necesidad de llamar la atención, necesitan sentirse respetados, temidos, tienen ciertos complejos de inferioridad, lo que pudo haber sido provocado por presenciar actos de violencia contra su madre, contra sus hermanos o contra sí mismo. Estas lamentables situaciones pueden crear un rencor en el niño, mismo que desatará cuando las condiciones le den la oportunidad.

Por lo general, cuando un niño crece en un buen ambiente y recibe una buena educación pero si se transforma en un adulto violento puede ser que se trate de un psicópata, un hombre que sufre algún trastorno mental que lo hace comportarse así. Las principales características de los psicópatas son las siguientes, aunque no se limitan:

- Tienen cambios de humor vertiginosos, pueden pasar de la tristeza al enojo y de éste a la alegría en cuestión de segundos. El trastorno más común que presentan estos psicópatas es el de bipolaridad.
- Son muy celosos e inseguros, tanto que hay casos en que acosan a sus víctimas antes, durante y después de la relación amorosa.

- La mayoría de estos hombres son muy inteligentes, incluso llegan a sobresalir en sus estudios; no es necesario que hayan demostrado un mal comportamiento, las travesuras y el *bullying* no están peleadas con las buenas calificaciones.
- Suelen ser hábiles para mentir, inventan todo tipo de historias para captar la atención de las víctimas. Conocimos un caso en el que un joven comenzó a engañar a las muchachas que quería para convencerlas de tener relaciones; les decía que tenía mucho dinero, que las llevaría de viaje, incluso que se casaría con ellas. Una vez que obtenía lo que quería, las dejaba y buscaba otra.
- En ocasiones, usan sus dotes artísticas para hacer escritos o pinturas que expresen sus perversiones o sus deseos de asesinar a sus víctimas. La mayoría de los psicópatas busca la manera de vivir solos para tener un lugar donde llevar a cabo sus fechorías.
- Algunas veces, notamos que hablan solos.

Ahora presentaremos el perfil general del hombre violento. Nuestra intención es que estés alerta, es importante que antes de que comiences una relación sentimental conozcas a la persona con la que te vas a juntar, así evitarás sorpresas desagradables y riesgos:

- Estos hombres suelen tener algún tipo de adicción, sean drogas ilegales, alcohol o fármacos. También se dan casos en los que el hombre es adicto a las apuestas y los juegos de azar.
- Por lo regular, no son caballerosos, a veces no ocultan sus ideas machistas, por el contrario, cada que pueden atacan verbalmente a las mujeres.
- No le dan importancia al concepto de la familia.
- Carecen de iniciativa para hacer planes positivos y alcanzar metas que permitan el desarrollo pleno de su relación.
- Tratan de tener el control de la relación. A veces no dejan que la mujer salga sola, que tenga amigos e incluso no permiten que visiten a sus familiares.
- Imponen su opinión sobre la de su pareja.
- Maltratan físicamente a su víctima; la rasguñan, la jalonean, le pegan o le causan alguna otra lesión.
- Poseen armas. A veces hacen saber a los demás que las tienen para intimidarlos.
- Son ególatras, no reconocen sus defectos ni sus limitaciones; en cambio, hacen notar las de los demás.
- Aplican la "ley del hielo" cuando se molestan, ya sea con su pareja o simplemente porque alguien más los hizo enojar, porque perdió su equipo de futbol, etcétera.

- Poseen poca habilidad para manejar el estrés, lo cual provoca que se frustren, se depriman o arremetan contra las personas cercanas para descargar sus emociones.
- Temen que sus mujeres los abandonen, por lo que hacen de todo para que los absuelvan cuando han abusado de su víctima. Asimismo, pueden infundir miedo a su pareja de modo que ésta no se atreva a dejarlos.

Debe quedar claro que la violencia no respeta edad, religión, preferencias, ni mucho menos condición social. Lo último lo decimos porque frecuentemente se cree que los hombres violentos pertenecen a los sectores más pobres. Ciertamente, los problemas económicos promueven las peleas en los hogares, pero esto no significa que un hombre millonario sea incapaz de maltratar a sus hijos o a su esposa.

Por último, diremos que hay otro tipo de abusador: aquél que mediante ciertas artimañas busca obtener un beneficio económico, social o sexual. En todas partes se conocen casos en que este tipo de hombres mantienen varias relaciones a lo largo de su vida con diferentes personas; cuando han sido denunciados cambian su identidad, viajan a otras partes del mundo con el fin de encontrar a otras víctimas.

Actualmente, este tipo de fechorías se ha facilitado con el uso de las redes sociales, es por eso que te pedimos que tengas mucho cuidado y que selecciones cuidadosamente a tus amistades, incluso a los *ciberamigos*, en especial cuando te contacten extranjeros.

Epílogo:

Reflexiones

I

Así como hay mujeres que han decidido dejar su vida en manos de un hombre que las maltrata, así también hay otras que han tomado conciencia de sí mismas. Cada persona en este mundo es dueña de su propio destino, tú eliges qué camino tomar, tú decides cuándo será el momento de tomar las riendas de tu libertad...

II

Cuenta una vieja historia que la mujer fue creada de la costilla de Adán.

En ese entonces, no había nadie más que un hombre y la nueva mujer que creó Dios para que fuese la compañera de Adán. Después de eso, no ha habido otro hombre que nazca sin haber sido concebido en el vientre de una mujer. Es por eso que nadie en este mundo puede decir: "no tengo madre". Todos somos hijos aunque no todos seamos padres. Todos, incluso los hombres, fuimos parte de una mujer por varios meses...

Por eso, la vida misma, o por lo menos la vida humana, no podría ser posible sin la ayuda de una mujer. Ella da a luz, después da amor. Odia, ríe, crece, ama, entiende, llora, grita...

El hombre y la mujer fueron creados para vivir juntos en el mismo mundo, en armonía, para subsistir, para continuar juntos la obra de Dios.

Anónimo

ÍNDICE

IMPRESO EN LITOGRAFICA LINEA Y COLOR S.A. DE C.V.
GERANIO #13 COL. LOMAS DE SAN LORENZO, IZTAPALAPA
litolineaycolor@prodigy.net.mx
MAYO 2014 MÉXICO D.F. C.P. 09780
EL TIRAJE FUE DE 1, 000 EJEMPLARES